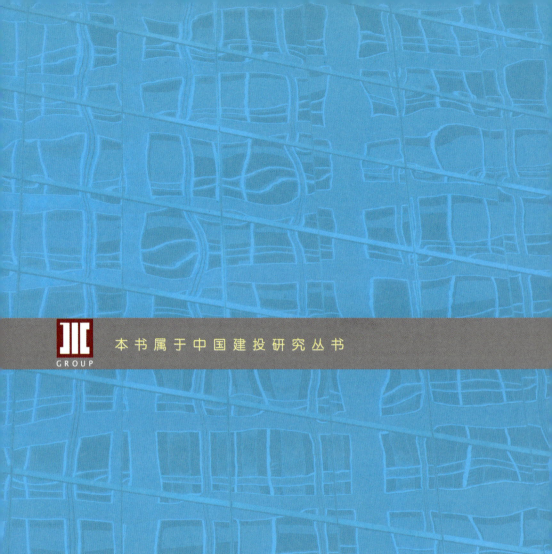

GROUP

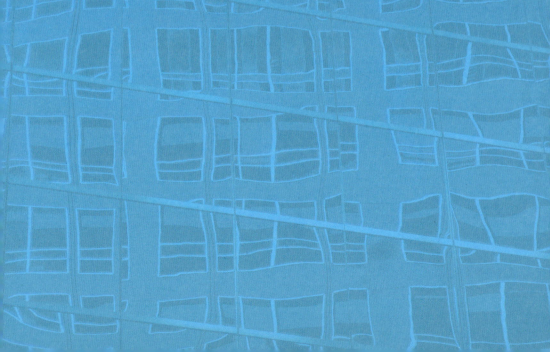

The World Financial
History You Should Know

INSANITY

AND

癫狂与
理智

Insanity and Rationality: The World Financial History You Should Know

你不得不知的世界金融史

RATIONALITY

张志前　作品

社会科学文献出版社
SOCIAL SCIENCES ACADEMIC PRESS (CHINA)

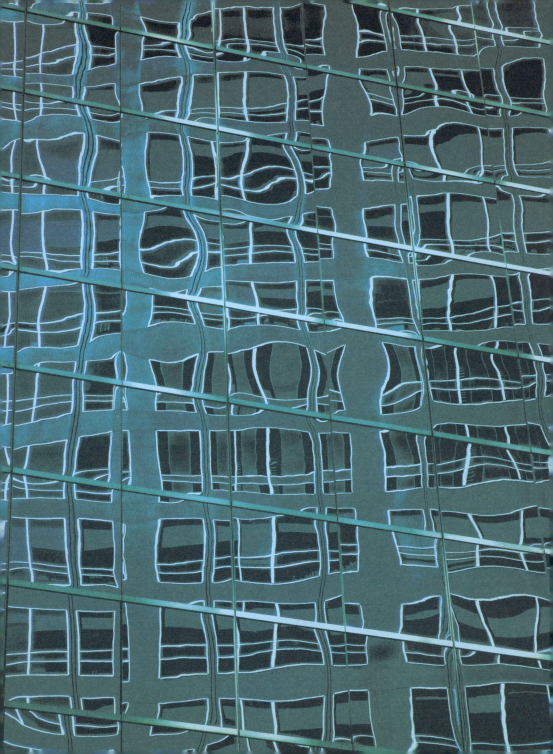

前　言

　　金融是指货币资金的融通，它是市场经济发展到一定阶段的必然产物。在经济的发展过程中，以货币为媒介的商品交换打破了直接的物物交换。随后信用的发展又令货币与商品的交换在时空上的限制进一步放开，以至即使在交换双方商品所有权转移后市场仍继续存在，由此货币也逐渐作为一种可有偿转让的特殊商品成为市场交易的对象。于是，从商品流通中独立出了一种特殊的商品——货币资本，金融也开始具有真正独立的意义。

　　金融的发展变化不仅反映了经济的发展情况，也对经济的发展产生了深刻影响。在货币资本成为一种特殊的商品之后，金融工具、金融产品的交换和流通逐渐变得复杂起来，由单一的货币资金的形式逐渐发展为货币资金、商业票据、股票债券、期货期权等多种形式并存，并出现了专门经营金融业务的金融机构以及从事金融活动的金融市场，通过其自身的货币发行、信用创造、资源配置等功能影响着经济的发展。正是从这个意义上讲，世界经济的发展史也是金融的发展史。

　　追求个人价值最大化，是经济学家对理性人的基本假设。随着金融市场的出现和发展，不经过产业经济就可以获取巨额利润的"钱生钱"，甚至是"空手套白狼"游戏受到人们的青睐。在追逐金融利润的过程中，一些极度贪婪的人丧失了理智，甚至变得疯狂，在金融史上演绎了一场又一场的资产泡沫和金融危机；而另外一些非常理智的人，通过深入观察和思考，不仅发现了其中的商机，同时也推动了金融的创新和发展。

古人云：读史使人明智。回顾世界金融发展的历史，金融的产生和发展都是在前人基础上展开的，今天看似纷繁复杂的金融产品和金融市场，其发展的基础都离不开前人简单朴实的金融理念，都是在不断总结经验教训和试错纠错的过程中逐渐成熟和完善的。美国经济学家福格尔曾经说过："历史知识的贡献已不仅体现在理论的传授过程，而且体现在经济史理论本身的进步。"历史是向后看的，经济的决策是向前看的。今天我们面对纷繁复杂的金融世界，了解其历史的"来龙"将有助于我们更好地把握其未来的"去脉"。

2015 年，我受《英大金融》之约，为该杂志《金融史话》栏目撰稿。两年来，我查阅了大量世界金融历史发展的文献资料，形成了几十篇短文，每一篇短文讲述一个金融历史故事，其中有十几篇已经在《英大金融》杂志刊发。本书收录了我近两年来完成的 36 篇短文。为方便读者阅读，我将这 36 篇短文进行了分类，分别是：起源篇、事件篇、人物篇和机构篇。起源篇分别介绍了中央银行、保险、典当等金融行业的起源；事件篇介绍了影响世界的金融事件，包括欧洲历史上的三次金融危机、美国银行危机等；人物篇介绍了影响世界的金融人物，包括罗斯柴尔德、索罗斯、弗里德曼等；机构篇介绍了世界著名金融机构的发家史，包括纽约证券交易所、高盛、瑞银、穆迪等。

　　本书虽然按照四大篇进行编排，但是各篇之间以及每篇短文之间，并没有先后的逻辑关系。每篇短文讲述一个独立完整的金融故事。读者可以在茶余饭后，根据自己的兴趣和需要挑选相关的内容阅读。这也适应了现代人生活节奏快、网络时代碎片化阅读的习惯。在本书的编写过程中，我参考了大量的相关历史文献和研究成果，也引用了一些网络上的资料和图片，无法一一罗列，在此表示感谢。由于很多事件时间久远，其中一些观点说法不一，甚至相互矛盾，对此无法一一考证。我一般采纳比较主流和有考证的说法，有些观点说法仅凭我主观分析进行了取舍。不当之处，请专家学者批评指正。

　　邓小平同志讲，金融是现代经济的核心。掌握基本的金融知识，是作为一个现代人应该具有的知识素养，也是分析判断经济形势的必备基础。本书选择的内容力求经典、有趣，同时能对读者有所启示。希望阅读本书能帮助对金融感兴趣的读者更好地了解世界金融发展的历史，把握金融的实质和精髓，揭示金融创新和发展的内在规律。本书适合对金融投资感兴趣的读者阅读，也可作为财经专业大学生的课外读物。

/ 癫狂与理智：你不得不知的世界金融史

起

源

篇

图为英格兰银行。

它被誉为世界上最早的中央银行。

英格兰银行的成功推动了英国的工业革命，

也使英国成为当时世界上最强大的"日不落帝国"。

图片来源：达志影像。

金融革命催生英格兰银行

中央银行被认为是一国金融体系的核心，是"银行的银行"和"国家的银行"。虽然比瑞典设立的央行晚了近40年，设立于1694年的英格兰银行，由于其体系完备、运行稳健，仍然被认为是现代中央银行的鼻祖。英格兰银行是金融革命的产物。著名史学家奇波拉曾说过，"在英国，如果没有金融革命，就没有工业革命"。金融革命和创新成就了英格兰银行，推动了英国的工业革命，也使英国成为当时世界上最强大的"日不落帝国"。

金匠银行家利欲熏心

近代的银行制度最早出现在12世纪的意大利。16世纪末在荷兰、意大利等地已经出现了专门从事借贷业务的公共银行。此后，随着航海和贸易的发展，银行制度传播到了欧洲其他地方。英国最早的银行家是金匠。在纸币流通之前，商人必须携带大量的金银、珠宝，不仅不安全，也很不方便。于是就有一些金匠替人们保管这些金银，并开具票据，这样就方便了商人的支付。这些票据可以转让，金匠在票据上做了背书。这些金匠就成为金匠银行家。后来，金匠银行家发现自己手头会留存大量闲置资金，于是他们便把这些资金借给需要钱的人们，同时收取一定的利息，这些金匠银行家便可从中谋利。

追求高额利润是商人的本性。在公共银行出现之前，英国金匠银行家的贷款利率非常高，一般都在 10％ 左右，而政府规定的利率是 6％。他们对政府的贷款利率也很高，有时甚至达到 20％～30％，是名副其实的高利贷。高利贷不仅使很多小工商业主无法承受，连英国政府也无法接受。当时英国正在与荷兰发生战争，国库空虚，英国政府不得不向金匠银行家借高利贷。而就在同一时间，已经拥有银行的荷兰，王室的借款利率只有 3％，这让英国王室艳羡不已。与此同时，金匠银行家还通过在金银的质量和成色上投机取巧谋取利益，这也引发了人们对金匠银行家的抱怨。此时，不论政府还是民众都希望设立一家公共银行来取代利欲熏心的金匠银行家。

战争需要更多货币

战争是烧钱的机器，长期的战争需要大量的资金做支撑。1688～1697 年，英国和法国之间爆发了长达九年的战争。刚刚完成光荣革命的英国政府遭受了巨大的财政压力。1688～1691 年，军费支出占到英国财政总支出的 77％。1692 年达到了 79％，1693 年更是达到了 83％。英国财政总收入还不够军费一项支出，虽然政府做出了很多的努力，但仍然无法做到财政收支平衡。英国政府不得不通过发行国债来向民众借款。由于借款时间短，在出现几次违约之后，商人们就不再愿意借款给政府了。在巨大的财政压力下，由威廉·佩特森提出的设立英格兰银行的议案受到重视并最终付诸实施。

1691 年威廉·佩特森与几个合伙人提议，成立一家国家银行，他和其他合伙人贷给政府 100 万英镑，政府每年支付给他们 65000 英镑的利息，同时把他们发行的票据视为国家法定货币。实际上，在此之前有关成立公共银行的议案已层出不穷。有人曾提议成立公益性质的银行，给穷人以救济；也有人提议成立公共银行，给工商企业提供贷款，扩大就业和开展工商业活动。1694 年，威廉·佩特森的议案提交英国国会审议，议会最终通过了《吨税法令》。该法令规定：凡认购国债者组成一个股份制机构，命名为"英格兰银行总裁公司"。为偿还债务，政府以吨税和酒税作担保。英格兰银行就此成立。

从私人银行到中央银行

盈利是任何一家私人机构存在的价值。作为一家私人银行，英格兰银行从成立之初，出售银行券谋利就被视为一个重大动机。银行券实际上就是纸质钞票的前身。早期的银行券由私人发行，往往可以随时兑换黄金，比起汇票更为便捷。发行银行券的银行需要有相应的黄金储备，以备人们兑换，并不像我们今天印刷钞票即可，因而资信良好的银行券会更受欢迎。银行券日后被作为流通货币，也是在漫长的历史之中逐渐演化形成的。

设立英格兰银行的初衷主要是帮助政府融资，同时从事汇票、本票等普通银行业务。由于英格兰银行资信良好，它的银行券受到民众的普遍欢迎。由于经营稳健，英格兰银行逐步得到了英国政府的认可，获得了很多特许经营权。1833 年英国国会通过议案，英格兰银行发行的银行券成为全国唯一法定偿还的货币。1928 年，英格兰银行完全获得了英国银行券的垄断发行权。1946 年，英格兰银行被收归国有，成为名副其实的英国中央银行。

英格兰银行的模式获得了巨大成功，不仅解决了政府融资问题，也推动了英国工商业资本的发展，使英国逐渐发展成为全球最强大的"日不落帝国"。英格兰银行被誉为最可靠的银行。英格兰银行的模式被世界各国所效仿。19 世纪初，世界迎来第一波设立中央银行的热潮，各国设立了 20 余家中央银行，被视为几乎是英格兰银行翻版的法兰西银行于 1814 年成立，荷兰银行、日本银行、俄国银行等也相继成立，其尾声是 1913 年设立的美联储。

INSANITY AND RATIONALITY

THE WORLD FINANCIAL
HISTORY
YOU SHOULD KNOW

图为 19 世纪的东印度公司总部。

东印度公司能够富可敌国、强可敌国，

其重要原因就是政府授予其特权和垄断经营权。

图片来源：达志影像。

从"公班衙"到股份公司

　　我们今天翻译外文名字，都是严格按照读音进行音译。这样翻译出来的外文名字不仅看不出名字的本意，也缺乏文化和内涵，令人费解。早年中国人翻译外国名字是非常讲究的，不仅要参考外文的读音，还要力求表达词意，同时显得堂皇典雅。比如，将美国翻译为"美利坚"，德国译作"德意志"。"公司"（company）一词刚刚传入中国时，就被翻译为"公班衙"。当时中国人认为公司就是官办的衙门，而不像我们今天所认为的是以营利为目的的企业。

　　公司是指依法设立的，全部资本由股东出资，以营利为目的的企业法人。企业制度在漫长的演进过程中，先后有独资企业、合伙企业与公司企业等三种企业形态，最终才形成了现代公司法人制度。一般认为，公司起源于中世纪的欧洲，而最早的股份有限公司是英国东印度公司。中国人最早接触的公司就是英国东印度公司在广州设立的办事处，而"公班衙"是当时华人对东印度公司的称呼。

单次募集，按股分红

自 14 世纪开始，英国的毛纺织业蓬勃发展，而工业的发展推动了英国商业资本迅速向海外扩张。从 16 世纪下半叶起，英国人开始依靠自己的力量向东方探索。1599 年，英国商人通过陆路到达印度，他们希望能与东方进行贸易获取财富。而此时的荷兰凭借其海上力量战胜了葡萄牙，已经开始了与东方的贸易，并获得了巨大成功。

随着海外贸易的不断扩大，个人独资企业已经无法实现其目标，以资本联合为基础，具有独立法人特点的新型企业组织形式应运而生。1555 年英国女王特许设立专与俄国进行贸易的俄国公司。俄国公司通过销售可转让的股票为其通往俄国的长途旅程筹资。俄国公司于 1630 年衰败，它也被一些学者看作最早的股份公司。垄断经营是获取超额利润的重要手段。之后，许多商人希望模仿俄国公司，寻求得到女王的特许，对其他地方的贸易进行垄断。1600 年，一群商人在英国政府的支持下，在伦敦成立了一家名为"伦敦商人对东印度贸易联合体与管理者"的贸易公司(简称"东印度公司")，公司共募集资金 30133 镑 6 先令 8 便士，由 101 份股份构成。

成立之初的东印度公司虽然叫作"公司"，但它并不是现代意义上的股份公司。股东投入英国东印度公司的资本不是固定和永久的，而是根据每次航海贸易的需要来确定的。投资者是为每一次航海筹集资本，东印度公司每航行一次，就募集一次资本。每次航行结束后，资本退还给投资者，获得的利润则按资本的大小在入股者之间进行分配。这样每次航海的投资者都有所变化，投资者不同，投资者的人数也不同，投资额也有差异。

这种每次募集资金的方法不利于公司持续经营。英国国王詹姆士一世统治期间，首次确认公司作为独立法人，东印度公司在 1657 年创立了新的共同股份，构成公司永久资本。股东出资被固定为 10 年期限，在此期间不允许退出公司，但可以转让。1662 年，国王查理二世颁布了《关于破产者的宣告的条例》，规定东印度公司的成员对于公司仅承担有限责任。至此，东印度公司已经具备现代股份公司形式，并最终发展成为史上最牛股份公司。

官商一体，垄断经营

虽然今天的资本主义国家都反对垄断，但是早期的股份公司都是官商勾结、官商一体的，难怪早年中国人把公司翻译为"公班衙"。东印度公司能够富可敌国、强可敌国，其重要原因就是政府授予的特权和垄断经营权。东印度公司一成立，就得到英国女王的支持并获得了她所颁发的特许状，以及独占好望角至麦哲伦海峡之间的贸易特权十五年。在东印度公司特许经营期内，禁止任何其他个人和团体从事属于公司授权范围内的贸易活动，但准许他们在任何时候申请得到从事该项贸易的许可证。凡是侵犯东印度公司贸易专利权者，货物将会被没收。其中一半上交国库，一半归东印度公司所有。

最初，英国人主要利用东印度公司进行贸易，逐渐地东印度公司就成了英国殖民者侵略印度的工具。英国东印度公司在1609年续领特许状时，就取得了很多特权。1670年查理二世发布法律，授予东印度公司自主占领地盘、铸造钱币、指挥要塞和军队、结盟和宣战、签订和平条约以及在被占领地区就民事和刑事诉讼进行审判的权利。17世纪80年代，东印度公司建立了自己的武装力量，到1689年，东印度公司已经具有了一个"国家"的特性。它自主地控制着孟加拉国、金奈和孟买的统治。1689年，英国东印度公司开始展开中英茶叶直接贸易，1711年在广州设立办事处，此后对华贸易不断扩大。英国东印度公司还通过垄断鸦片、食盐和烟草贸易等手段牟取暴利。其中，鸦片收入约占公司总收入的1/7。

随着工业革命的完成，自由市场竞争成为新兴资产阶级的强烈要求，拥有特权和垄断经营的公司已不适应资本主义经济发展的需要。在英国新兴工业资产阶级、商人以及美国商人的强烈反对下，1834年，东印度公司对华贸易垄断权终于被英国政府明文禁止，东印度公司被改组为英国政府统治印度的政权机关。1858年，经营258年的东印度公司被英国政府正式撤销，英国政府直接统治印度。《泰晤士报》评论说：在人类历史上它完成了任何一个公司从未肩负过、在今后的历史中可能也不会肩负的任务。官商不分使得东印度公司成为英国殖民者统治和掠夺殖民地的工具，而东印度公司对印度的行政管理成为英国公务员制度的原型。

上图描绘了 1666 年伦敦大火。

伦敦大火后，

一个叫尼古拉斯·巴蓬的医生

开办了世界上第一家火灾保险营业所，

后更名为"凤凰火灾保险公司"。

图片来源：达志影像。

伦敦大火烧出首家火险公司

马航 MH370 失联之后，全世界都在积极地寻找飞机下落，相关赔付工作也随之启动。失联航班乘客的家属会得到的赔偿包括两部分：一部分是由承运航空公司给予的责任赔偿，另一部分就是投保人可获得的保险赔偿。2009 年 6 月 1 日，一架法航飞机在大西洋上空失踪，每名遇难者家属获责任赔偿约人民币 100 万元，而其中一名购买了保险的中国人还获保险赔偿 960 万元。

2002 年，中国北方航空公司的一架从北京到大连的飞机失事，机上有名叫张丕林的乘客，登机前在 6 家保险公司为自己买了 7 份航空旅客人身意外伤害保险。空难发生后，张丕林被列为重要嫌疑人，而其购买多份保险成为犯罪动机之一。如果按照正常赔偿，张丕林家属可获得约 140 万元的保险赔偿。但是，法院最终判定，张丕林为飞机纵火犯，保险公司拒绝为其家属赔偿。

保险已经深入我们的日常生活。虽然我们平时似乎看不起保险，但是到了危急时刻，就看到保险的重要性了。那我们在什么情况下应该购买保险？保险究竟是怎样一个机制呢？要回答这些问题，我们有必要了解保险的起源和发展。

最早的保险可以追溯到公元前 4500 年的古埃及。当时居住在尼罗河畔的古代埃及石匠经常会遭受各种自然灾害。在人类社会初期，人们抵御自然灾害的能力很弱，如果某家遭受到了自然灾害，往往会倾家荡产，甚至家破人亡。为了共同抵御灾害的侵扰，他们自愿组织成立了互助基金，并签署协议，若某家被自然灾害侵袭，则由参加者所缴纳的会费来支付死亡者的丧葬费。

世界上第一张保单出现在 14 世纪航海发达的意大利。1347 年，意大利商船圣·科勒拉号要由热那亚运送一批贵重的货物到马乔卡。由于担心长途海上运输的风险，商船的船长找到了意大利富商乔治·勒克维伦，这个富商不仅财大气粗，而且非常喜欢冒险。双方经过商谈约定了一个赌局：商船的船长先存一些钱在勒克维伦那里，如果 6 个月内圣·科勒拉号顺利抵达马乔卡，那么这笔钱就归勒克维伦所有，否则勒克维伦将承担船上货物的损失。这个协议就成了世界上第一份商业保单。

在各种灾害中，火灾是最经常、最普遍的威胁公众安全和社会发展的灾害之一。人类文明从用火开始，然而人类始终无法摆脱火灾的侵害，火灾保险由此而产生。火灾保险起源于 1118 年冰岛设立的"黑瑞甫"社，该社对火灾及家畜死亡损失负赔偿责任。1591 年，德国酿造业发生一起大火。灾后，为了筹集重建酿造厂所需资金和保证不动产的信用而成立了"火灾保险合作社"，这是现代火灾保险的雏形。

　　1666 年 9 月 2 日，位于伦敦市中心的皇家面包店突然起火，大火蔓延至全城，燃烧了五天五夜，伦敦 80％的建筑物被烧毁，20 万人无家可归。在经历了这场灾难之后，一个叫尼古拉斯·巴蓬的医生开始筹措开办一家承保火灾风险的保险公司。1680 年，巴蓬医生和他的四个朋友出资 4 万英镑，开办了世界上第一家火灾保险营业所，后更名为"凤凰火灾保险公司"。巴蓬本人也被誉为"现代火灾保险之父"。

　　经过几百年的发展，保险已经成为现代人生活中不可或缺的组成部分。现代保险实际上就是一种风险管理方法，通过保险将众多单位和个人联合起来，将个体对应风险转化为共同对应风险，从而提高了对风险造成损失的承受能力。保险的作用在于分散风险、分摊损失。比如，在这起马航事件中，保险公司赔付给失联航班家属的资金，实际上是其他众多投保人所交的保费。换句话说，就是没有出事的投保人在为出事航班埋单。这看起来很不公平，也像是一个赌局，但它可以实现风险共担。由于保险可以集中资金，这些资金也需要保值增值，保险又具备了投融资功能，成为金融行业的一员。

图为上海蜡像馆的老上海当铺。

我国最早的典当铺出现在南朝时期，

到了唐代，工商业加快发展，

典当业成为社会经济生活的一部分。

图片来源：达志影像。

先有典当，后有银行

　　典当业是最古老的金融业之一，是现代银行业的前身或鼻祖。中国被认为是典当业的发源地，早在两千多年前我国就出现了典当业，到了公元 4 世纪的南朝已基本成型。而欧洲的典当业出现在中世纪，比我国晚了近一千年。在现代金融业出现之前相当长的时间里，典当行一直扮演着银行的角色。

　　我国最早的典当铺出现在南朝时期，当时是由寺院经营的质库。寺院利用捐赠资金，通过质押物品向百姓提供资金，收取一定的利息。《南史》有记载："法崇孙彬……尝以一束苎就州长河寺质钱，后赎苎还，于苎束中得约五两金，以手巾裹之，彬得，送还寺库。"应该说，南北朝时期典当业还处于萌芽状态，经营范围仅局限于寺院内，而且还不受法律保护。到了唐代，我国典当业已经跳出寺院经营的小圈子，成为经济社会蓬勃发展的一种金融业态。

　　唐朝国力强盛，工商业发展加快，货币需求迅速扩大，为典当业的迅速发展和成熟创造了有利条件。与南朝时期只局限于寺院经济不同，唐朝涌现出了官办、民办等多种形式的典当铺，其经营范围也不再像南北朝时期佛寺的质库那样，业务单一，仅具慈善性质。唐朝的典当铺除经营典当业务外，还接受有钱人的低息存款、办理商业放款、代客储存财物收取保管费等多种业务。典当物的种类也非常繁多，不仅包括农村的帛、粟、麦等农产品，城市居民的金银饰品和衣服等日常家庭用品都可以作为典当物品。

典当业已成为唐代社会经济生活的一部分，人们如果遇到资金问题首先想到的就是去典当行。不仅普通百姓离不开典当，就是士大夫阶层也经常会光顾当铺去融资。诗人白居易在《杜陵叟》一诗中写道："典桑卖地纳官租，明年衣食将何如？"是对当时农民为向官府缴纳租税、典桑卖地的真实写照。杜甫在《曲江》一诗中写道："朝回日日典春衣，每日江头尽醉归。"反映了他不得不常常典衣换酒的窘境。诗人元稹在他追忆亡妻的悼亡诗中写"顾我无衣搜荩箧，泥他沽酒拔金钗"，也反映了他未显贵时常常上僦柜典当妻子嫁妆的情景。白居易在《自咏老身示诸家属》中写到"走笔还诗债，抽衣当药钱"，反映了他老年典当衣物，换取药钱的生活场景。

唐朝的典当业有很多种经营形式。一是"质库"。质库是专门经营典当业的，将物送于质库，换钱以归，在约定的期限内，付息还本，取回原物，否则物归质库所有。二是"柜坊"。柜坊本来是专门为商人和官僚储存钱物的店铺，官僚富商为了安全和避免搬运的麻烦，常常将钱物存

　　　　　　　　　　/ 癫狂与理智：你不得不知的世界金融史

于柜坊保管，柜坊根据存放者所出凭证代其支付，收取一定的柜费，是中国历史上银行的开端。三是"寄附铺"。寄附铺本来是受托寄卖物品的商铺，在利润的驱逐下，也开始兼营典当业，甚至把质贷业作为了主业。另外还有"质舍"等经营形式。

基于典当业的重要性和风险隐患，唐朝政府加强了对典当业的监管。唐朝的法律对典当业有非常详尽的规定："诸公私以财物出举者，任依私契，官不为理。每月收利，不得过六分；积日虽多，不得过一倍。……收质者，非对物主，不得辄卖；若计利过本不赎者，听告市司对卖，有剩，还之。如负债者逃，保人代偿。"意思是说，以动产典当，交易自由，但月息上限为六分；典当期限再长，仍不得超过一本一利。同时，典当机构只有在利息超过本金时才可以向当地政府请求变卖质押物品受偿，且变卖当物的溢价部分必须返还当户。

为防典当业经营者抬高利息，压榨百姓，牟取暴利，唐太宗贞观年间（公元 627～649 年），宰相房玄龄根据唐太宗的指令，以国家法令的形式对利息作了明确规定："凡质举之利，收子不得逾五分，出息、债过其倍，若回利充本，官不理。"即规定僦柜存息 5％，放息 10％，政府不允许利上滚利。唐玄宗开元二十年（公元 732 年）还专门发布皇帝诏书明确，放债收息，私人只许四分，官本五分，即从唐初的公私放债利息一律 10％减为私人放贷息 4％，公家放债息 5％。

在银行出现之前，典当行也是封建统治者防通胀和通缩、实施货币政策的重要手段。唐宋以来，货币的供求矛盾十分尖锐。一方面，商品经济日益发展，特别是唐行两税法、明行一条鞭法，导致货币流通量亟待增加。而另一方面，铸造官钱缺铜，加之民间藏钱和毁钱改制器物之风很盛，又使得流通中的货币数额远远不能满足需要，甚至出现"钱荒"。如唐建中初年（公元780年），粟价斗值一百钱，而到元和五年（公元810年），则仅值二十钱，可谓暴跌，皆是通货短缺所致。每逢此况，政府或采取措施强迫商人出钱易货，以减少流通壅滞；或乞援于典当行，令其营运小额货币缓解乏钱局面。

在经济繁荣发展的背景下，社会资金融通需求巨大，典当成为唐朝最大的金融业，也是国家税收的重要来源。在当时200多个商业行为中，典当属于新兴产业和盈利大户。唐朝在"安史之乱"后为解决国家财政入不敷出的问题，于唐德宗建中三年（公元782年）下令由政府出面向所有在京师长安开业的僦柜"借钱"，推行变相课税政策，规定每户课借资本金1/4，共取得财政收入100多万缗。由此可见，唐代长安一地典当业的资本金就在400多万缗以上，占当时国家全年财政收入1200多万缗的1/3以上。

到了宋朝，典当业随着都市经济的发展日益兴盛，而明清两朝是我国典当业发展的鼎盛时期。清末民初，由于政权更迭频繁、社会动荡、货币混乱，典当业逐步衰落。新中国成立后，典当行作为剥削劳动人民的工具被政府取缔。十一届三中全会后，伴随着人们思想解放和市场经济的发展，在我国消亡了 30 多年的典当业重新兴起并快速发展，目前全国各地已经有数千家的典当行，为小微企业和广大百姓提供融资服务。

上图描绘了哥伦布发现新大陆。

西班牙女王情愿典当自己的首饰和珠宝，

作为哥伦布探险筹资的一部分，

才最终促成了哥伦布在人类历史上的这一伟大壮举。

图片来源：达志影像。

没有典当就没有哥伦布航海

　　哥伦布出生于意大利热那亚的一个普通人家，要实施他雄伟的航海计划，必须有强大的财政支持。为此，他曾游说过意大利王室、葡萄牙皇室，甚至到西班牙，给当时的国王斐迪南二世去过信函，但都被一一回绝。直到 1492 年初，与国王斐迪南二世共同治理国家的西班牙女王伊莎贝拉表示，她情愿典当自己的首饰和珠宝作为哥伦布探险筹资的一部分，这才最终促成了哥伦布在人类历史上的这一壮举。西班牙女王的这次投资被认为是一起成功的风险投资，而其融资部分就来源于典当行。因此后人有评论说，没有典当就没有哥伦布的这次航海，那么新大陆的发现也许会晚很多年。

　　典当是最古老的金融业之一。早在公元前 4 世纪，犹太人就已经开始经营典当业了。《旧约全书》上说：你即或拿邻居的衣服做当头，必在日落以先归还他。你借给邻居，不管是什么，不可进他家拿他的当头。要站在外面，等那向你借贷的人把当头拿出来交给你。此处"当头"，即指用于典当的担保物品。但犹太人的当铺时常受到基督教政权与教会的掠夺和没收，被迫逐渐退出典当业。到了 13 世纪，散居于法国等地信奉基督教的加禾尔人开始经营典当业，这被认为是欧洲现代意义上典当业的起源。而欧洲最早的官办营利当铺则在 1198 年创办于巴伐利亚公国弗莱津。

中世纪的欧洲典当业开始成熟和发展。在意大利，15 世纪兴盛的美第奇家族经营的当铺遍布欧洲，美第奇家族衣袖上的三颗装饰纽扣，后来演变成为当铺的标志。一直到今天，欧洲很多的典当行都会在门前悬挂三颗金球，向外探出，十分显眼。不过，当时的大多数典当物品还都是低值物品，而"典当"一词的英文"pawn"的词根就来源于法语的"pan"（长筒裙）和拉丁语中的"pannum"（衣服）。据史料记载，早期人们典当的主要物品就是服装，还有少数的钟表、首饰和珠宝等，而当金数目也很小。18 世纪中期以后，银行业开始兴起，但主要是为企业、富人和政府服务，普通百姓需要借钱时还得去当铺，当铺被称为"穷人的银行"。

在一般人心目中，当铺被看作"吸血鬼"，作家狄更斯在其名著里，更是把当铺描写成"吃人不吐骨头"的黑暗行当。但当铺确实扮演着金融中介的角色，解决社会融资的需求。当你急需资金时，当铺可以解燃眉之急。历史上有很多名人光顾过当铺。马克思就曾因生活所迫，在德国法兰克福的一家当铺典当过一个小银杯、一个银盘和一把用盒子装着的小刀叉。1850 年 10 月 25 日，马克思从伦敦给好友魏德迈写信说："亲爱的魏德迈：请你给我做下面一件事：请你向舒斯泰尔或其他人借些

/癫狂与理智：你不得不知的世界金融史

钱，赎回我在法兰克福当铺里的银器，然后把银器卖给法兰克福的珠宝商或其他任何人，再把你从那个人那里借来赎的钱还清，把剩余的钱寄到这里给我。"

欧洲典当业发展最为完善的国家还属英国。1361 年，伦敦主教迈克尔建立了具有官方色彩的公共典当行，这是英国最早的典当行。中世纪时期，英国的典当业种类已经十分齐全，既有民办当铺，也有教会办的公立当铺和官办的公共当铺。尤其是当时的官办当铺由于按法定典当利率 6％放款，对农民和城市手工业者较有吸引力。当时英国官办当铺老板穿的马甲，十分像今天证券交易所的红马甲。19 世纪中期到 20 世纪初，英国典当业进入全盛时期。当时的英国当铺林立，甚至比公共住宅还要多。典当物品的种类也非常繁多，不过其中最多的还是服装，占总抵押数的 60％～75 ％。另外当息大幅度提高，这也刺激了典当业的蓬勃发展。

英国是世界上最早制定完整典当法规的国家。1564 年，英国议会颁布了多部典当法规，对英国典当业进行管理。1785 年，英国议会通过典当法规，要求当铺必须持照经营，还规定了 0.5％的月息、一年的当期和当税标准。1872 年，英国议会通过了英国历史上第一部完备的典当法律，即著名的《1872 年典当商法》。该法限定当铺每笔当金的上限为 10 英镑，从而界定了当铺只能从事小额质押贷款的性质。另外具有特点的条例还包括规定了除利息外，当铺还可以收取手续费、审核费和表格费，与当息一起合并计算综合费率等。它不仅为英国以后的典当业构筑了法律框架，还影响了其他相关国家的典当立法。而建于1892年的英国典当业协会则被认为是世界上最早成立的典当业组织之一。

从20世纪20年代开始，随着经济的发展和生产效率的提高，电器制品愈来愈普及与廉价，商品也可以分期付款购买。民众消费习惯的改变，使英国当铺业的绝当品贩卖越来越困难。同时银行等新兴金融业出现，新的消费者信用借贷不断发展，人们对典当融资的需求越来越小。同时，由于典当融资利率很高，典当行在社会上的形象也不太好。二战结束后，各类消费信贷机构日益增多，银行网点开始遍布主要的商业街道，提供的各项信贷服务也日益完善，典当业务出现了萎缩和衰退迹象，当铺开始逐渐淡出人们的视野。20世纪初，英国总计有3000多家当铺，而到了今天只剩下一两百家。

INSANITY AND RATIONALITY

THE WORLD FINANCIAL
HISTORY
YOU SHOULD KNOW

上图描绘了 19 世纪加利福尼亚淘金热。

在人类社会发展的历史上，

曾经出现过贝壳、布帛、兽皮等各种各样的货币，

但是不同国家、不同种族的人，

最都终选择黄金作为货币。

图片来源：达志影像。

黄金货币地位的演变

全球金融危机以来，国际金价持续走低，从最高每盎司接近 2000 美元，一直下跌到每盎司 1100 多美元，几乎腰斩。抄底黄金的中国大妈彻底被套。为什么被一般人看好的黄金价格也会持续下跌？金价上涨和下跌究竟受什么因素影响？要回答以上这些问题，还得从黄金货币地位的演化说起。

黄金天生是货币

黄金作为一种贵金属，很早就被人类发现、认知和使用。早在公元前 2000 年，古埃及人就开始铸造金条作为货币。公元前 6 世纪出现了世界上最早的金币。1816 年英国议会通过了《金本位法案》，拉开了金本位货币制度的帷幕。此后，世界上许多国家特别是西方资本主义国家也先后实行了金本位制度，金本位制成为世界性的货币制度。在国际金本位制度下，黄金成为全球统一的支付手段、购买手段和财富的化身。

在人类社会发展的历史上，曾经出现过包括贝壳、布帛、兽皮、铜铁等在内的各种各样的货币，但是不同国家、不同种族的人最终都选择黄金作为货币，主要原因是他们都发现了黄金本身的特殊属性。从使用价值的角度来看，黄金长期以来一直是首饰以及某些工业制品的原材料。从价值的角度来看，黄金由于蕴藏量和开采量有限，价值十分稳定。《牛津当代大辞典》对黄金的定义为：金是最富延展性的软金属，不易为强酸所侵蚀，现为世界经济的基本通货，且有公定价格。上述定义涵盖了黄金的商品属性和货币属性。

在金本位制下，单位货币价值等同于若干重量的黄金。黄金是无限法偿的货币，具有无限制支付手段的权利。金币可以自由铸造，任何人都可按本位币的含金量将金块交给国家造币厂铸成金币。国家之间的汇率由各国货币的含金量之比——金平价来决定。各国货币储备是黄金，国际结算也用黄金，黄金可以自由输出或输入。当国际贸易出现赤字时，可以用黄金支付。金本位制总共有三种实现形式：金币本位制、金块本位制、金兑汇本位制。其中金币本位制最具代表性。金本位制维持了约 120 年的时间。

金本位制的破灭

1929 年爆发了资本主义有史以来最大的经济危机。欧洲国家争先恐后向伦敦银行提取大量存款，同时美国又关闭了黄金市场，英国银行出现了前所未有的信用危机，英国政府遂于 1931 年 9 月宣布放弃金本位

　　　　　　　　/ 癫狂与理智：你不得不知的世界金融史

制。随后，丹麦、挪威、芬兰、瑞典、美国等国也纷纷宣布放弃金本位制。最后一个坚持金本位制的法国于 1936 年 10 月停止了金本位制。金本位制停止之后，各国选择信用纸币作为唯一法定货币，黄金的国际货币地位至此终结。

1944 年 7 月，第二次世界大战结束前夕，44 个同盟国在美国布雷顿森林市举行会议，确立了被称为"布雷顿森林体系"的国际货币制度。这项制度规定，各国货币本身不能兑换黄金，但可以通过美元间接兑换黄金，黄金仍然发挥着最终国际货币的职能。但是，各国国内已经取消了金本位制，美国政府仅仅承诺各国政府可以用美元兑换黄金。这又意味着这种国际货币本位是一种国际金汇兑本位。

到 20 世纪 60 年代后半期，由于美国出现了国际收支逆差，人们纷纷抛售美元抢购黄金，美元危机频繁发生。1971 年 5 月，各国中央银行开始向美国兑换更多的黄金，美元的可兑换性彻底动摇了。同年 8 月，美国宣布暂停美元兑换黄金，"布雷顿森林体系"宣告解体。1976 年，国际货币基金组织成员国在牙买加首都金斯敦召开会议，达成了"牙买加协议"，决定推动黄金非货币化。从此以后，黄金失去了作为国际货币的地位。

黄金仍然是储备

牙买加协议之后，在法律层面黄金已不再是货币，但黄金的货币属性依然存在，依然可以履行部分货币职能。尤其是在战争、通货膨胀、金融危机、跨国支付、国际贸易结算时更为突出。即使是曾经激烈批评金本位制"已经成为野蛮的遗物"的经济学家凯恩斯，也不得不承认"黄金在我们的制度中具有重要的作用。它作为最后的卫兵和紧急需要时的储备金，还没有任何其他的东西可以取代"。正是由于这样的原因，世界各国人民非常喜欢投资并储藏一定的黄金，在中国民间也有"盛世收藏，乱世金"之说。黄金价格在经济繁荣和货币稳定时下跌，在经济动荡和出现通胀时上涨。

世界各国政府也都储备一定量的黄金。目前世界各国黄金储备最多的依然是西方发达国家。2011年，世界黄金储备最多的五个国家是：第一，美国为8133.5吨；第二，德国为3401.0吨；第三，意大利为2451.8吨；第四，法国为2435.4吨；第五，中国为1054.1吨。金融危机以来，由于发达国家政府债务状况恶化，以持有发达国家国债的方式持有外汇储备的风险增加，包括发展中国家在内的各国中央银行开始关注黄金储备，结果导致前两年黄金价格的上涨。中国要推进人民币国际化仍必须增加一定的黄金储备。

有趣的是，世界各国的黄金储备并不一定存放在国内，其中30%的黄金存放在美国。美国有两大黄金仓库，一处是在纽约曼哈顿地下24米深岩层中的纽约联邦储备银行金库，这里存放着国际货币基金组织、各国央行和商业银行的黄金。另一处则是美国战略腹地的肯塔基州的诺克斯堡军营，这里是美联储的黄金主要存放地。在纽约金库里存放着 80 多个国家和国际组织的金块，分别堆放在 120 多个储藏室里。各个储藏室内的黄金属于哪个国家被严格保密，即使是相关的工作人员也很少有人知道。

图为刘备白帝城托孤的故事。

这是我国历史上最著名的托孤故事，

托孤的前提是对受托者的信任。

图片来源：达志影像。

为什么美国人可以富超过三代

　　随着人们收入水平的提高和理财需求的增加，中国信托业以每年超过 50% 的速度迅速发展。截至 2013 年，我国信托行业受托管理资产超过 10 万亿元，信托业已经坐上了仅次于银行的金融业第二把交椅。普通人看重信托的高收益，但同时对信托又缺乏深入了解。2014 年出现了两起兑付发生问题的信托事件，中诚 30 亿元信托兑付风险和吉林信托一款矿产信托兑付逾期。这些都引发了人们对信托的关注。为帮助读者更好地了解信托，下面通过几个典型的故事，介绍一下世界信托的发展历史。

遗嘱托孤：基于信任

　　信托就是基于信任的委托关系。最原始的信托行为起源于古埃及的遗嘱托孤。早在 4000 多年前，古代埃及就有人设立遗嘱，这份遗嘱由一名叫乌阿哈的人所立，遗嘱写在一张草纸上，清晰明示：自愿将其兄给他的一切财产全部归其妻继承，并授权其妻可以将该财产任意分授给子女。遗嘱上还指定一名军官作为其子女的监护人。这种以遗嘱方式委托他人处理财产并使继承人受益的做法是现今发现的最早的信托行为。

实际上，在中国古代也有很多像这样遗嘱托孤的故事，只不过他们委托的不是财产，而是国家治理。如果封建帝王在驾崩前，皇子还未长大成人，皇帝往往会委托一名或几名他信任的重臣协助其年幼的继任者打理朝政。2000多年前，汉武帝刘彻临死前就用托孤的方式解决接班人年龄太小、不能担当皇帝重任的问题。我国历史上最著名的托孤故事莫过于刘备白帝城托孤了。托孤的前提是对受托者的信任。刘备之所以把后主刘禅托付给诸葛亮，一是看重诸葛亮的能力，二是基于对诸葛亮的信任。

信托即受人之托，代人管理财物。简单地说，就是指委托人基于对受托人的信任，将其财产权委托给受托人，由受托人按照委托人的意愿以自己的名义，为受益人（委托人）的利益或其他特定目的进行管理或处分。委托人之所以选择受托人管理资产，一方面可能是受益人无法承接或没有能力管理这些资产；另一方面，就是对受托人专业能力的认可，同时也是基于对受托人的信任。没有信任，也就没有信托。

遗产信托：信托起源

按照一些专家学者的观点，信托起源于罗马帝国时期的遗产信托。依据罗马帝国的市民法，外国人不能参与罗马的民事活动，他们的子女无法继承他们有生之年所积累的财富，他们必须通过罗马市民间接地参与罗马的民事活动。因此，这些外国人就必须依赖当地的罗马市民，将其遗产转移给罗马市民，请罗马市民实现自己的目的，即让自己的后人作为该遗产的受益人。对于罗马市民来说，也存在立遗嘱人和遗嘱继承人的诸多限制。罗马人为了规避法律的规定，往往采用遗嘱信托的方式实现自己的目的。

对于罗马的遗产信托制度，盖尤斯在其《法学阶梯》中作了概括性的解释。他在书中解释道：当某人欲把遗产或者遗赠物给他所不能直接给的人时，他便通过信托的方式，委托那些能够依遗嘱获得遗产的人来实现。之所以将其称为遗产信托，是因为他不能以法律去制约别人，而只能依靠他所委托的人的诚信来进行制约。

刚开始，罗马遗产信托只有道义上的义务，而没有法律上的约束力，全靠受托人的品行和自觉。奥古斯都皇帝下令执行官对信托的执行予以管辖后，遗产信托就成为有法律保障的义务。但此时的信托完全是一种无偿的民事信托，并不具有经济上的意义，还没有形成一种有目的的事业经营，其信托财产主要是实物和土地。现代意义的信托业是以英国的尤斯（USE）制度为原型逐步发展起来的。

衡平法法院：信托之母

现代商业意义上的信托起源于英国。中世纪的英国还是个封建农业国，土地是国家和社会最主要的生产资料。国王、教会、封建领主以及普通老百姓，为争夺土地常常发生矛盾冲突。很多教徒死后把土地捐给教会，这严重损害了国王和封建领主的利益。国王以及封建领主为了永久享用土地利益，下令制定了相关的法律，禁止教徒擅自将土地捐献给教会，禁止长子或独子以外的其他继承人继承土地，否则就要没收土地。为了规避这些法律的限制，一些人甘愿冒着受托人背信弃义的道德风险，将土地的所有权转让给受托人，而收益权指定给另外的人或组织，从而产生了用益权（USES）。

由于用益和信托产生于规避法律的动机，所以得不到普通法法院的承认，受益人的利益是否能够实现完全取决于受托人。如果受托人不守信用，受益人也无可奈何。在这种情况下，受益人只好向衡平法法院的大法官们求助，请求强制受托人履行为受益人利益持有财产的承诺。衡平法是英国自 14 世纪末开始与普通法平行发展的、适用于民事案件的一种法律，是为弥补普通法的一些不足而产生的。最终衡平法法院的大法官不孚众望，赋予了受益权以强制执行力。信托制度是在衡平法法院对用益制度中受益人权利的正当性探究与肯定下发展起来的，所以衡平法法院也被誉为"信托之母"。

英国议会于 1535 年制定了《用益权法》，并于 1536 年开始实施。用益权制度的主要内容是：凡要以土地贡献给教会者，不作直接的让渡，而是先赠送给第三者，并表明其赠送目的是维护教会的利益，第三者必须将从土地上所取得的收益转交给教会。随着封建制度的彻底崩溃和资本主义市场经济的确立，契约关系的成熟，商业信用和货币信用的发展，以及分工的日益精细繁复，用益权制度逐渐演变为现代信托。

/ 癫狂与理智：你不得不知的世界金融史

家族信托：财富传承

19世纪初，信托制度从英国传入美国后，迅速发展壮大起来。英国的信托是以个人之间的信托为基础发展起来的，而美国一开始就把信托作为一种事业来经营，并利用公司的组织形式大范围地经营起来。虽然，美国最初的信托业务也是为满足第二次独立战争期间及其之后执行遗嘱和管理遗产的需要而开办的，但很快，随着股份公司的发展以及股票、债券等有价证券的大量涌现，以营利为目的的金融信托公司便应运而生。

经过多年的发展，信托概念在美国文化中深入人心。美国人对信托的使用就像律师、私人医生一样，是生活中非常平常也非常必要的服务。企业和家庭的各种储蓄投资计划都可以成立信托账户，很多富人把信托作为家庭财富管理的首选。美国的信托公司可以为客户提供包括专业化投资、专业化咨询、海外投资、税务咨询、遗产与房地产规划及其他增值服务在内的综合金融服务。

中国有句俗话叫作"富不过三代"，而美国声名显赫的肯尼迪家族、洛克菲勒家族，都已经历了百年的传承，但家族财富并没有因此而烟消云散，其中，我们熟知的洛克菲勒家族财富已经传承了六代。其主要原因是，这些大家族的创始人把财产以信托的方式委托给专业机构进行管理。资料显示，一家专为洛克菲勒家族成立的信托公司，管理着洛克菲勒家族的大部分财富。实际上，欧美地区多数家族富豪会选择通过家族信托或基金会来传承家族财富。这成就了他们家族财富的基业长青。

this man is holding a new movie star

America's number one credit card co-stars with Danny Kaye in Columbia Pictures' comedy of the year... "THE MAN FROM THE DINERS' CLUB." Naturally, Danny Kaye as 'The Man From The Diners' Club' is the product of the fertile mind of a Hollywood comedy writer but, there really are—men from The Diners' Club. Men who travel all over the world, constantly developing, checking and re-checking the facilities and services offered to the more than one million Diners' Club card holders. As a member of The Diners' Club, you charge at more than 90,000 hotels, restaurants, shops, service stations, airlines, auto rental agencies, and the list grows daily. You get an on-the-spot receipt when you charge and now, with that receipt, you get a detailed record form to meet the new requirements of the Internal Revenue Service. At the end of the month, of course, you get one bill, complete with a duplicate of each charge, and one check conveniently takes care of all your monthly charges.

the
Diners' club

图为 1963 年大莱俱乐部信用卡广告。

1950 年春，麦克纳马拉与他的好友斯耐德合作，

投资 1 万美元，在纽约创立了"大莱俱乐部"。

世界上第一家信用卡机构就此诞生。

图片来源：达志影像。

信用卡方寸之间的发展历程

信用卡，俗称"透支卡"，就是说用户不用先存钱，便可凭卡内的有效信用额度，享受先消费、后还款的超前消费方式。这样就可以让那些"月光族"继续消费，提升消费能力。有这样一个笑话，两个男人从酒吧里走出来，其中一个嘟囔着：没有它，没法过；有了它，也不好过！另一个男人深有同感，附和道：是呀，女人就是这样。第一个人大笑：我说的是信用卡。信用卡的出现彻底改变了人们的消费理念和生活方式。

两千多年前的孔子曾经说过"民无信不立"，"与朋友交而不信乎"。"信用"这一概念在中国由来已久。在中国民间商品交易中，常出现"赊账"等方式，"好借好还，再借不难"就是一个例子。在古代，消费信贷的表现形式是高利贷。由于高利贷极易引发社会矛盾和冲突，在一些地方被政府明令禁止。从19世纪开始，西方消费信贷得到较快发展，1850年后，制造商开始将昂贵的高档商品通过分期付款的方式进行销售。

19世纪中叶，一名叫摩理斯的男子发明了一种类似金属徽章的信用筹码，以标榜"先享受，后付款"的消费理念，这就是最早的信用卡。早期的信用卡由零售商、百货商店、石油公司、航空公司发行，发行的对象是企业销售对象，包括经常业务往来的顾客和有业务发展潜力的顾客。信用卡不仅能够证明顾客的身份，也是吸引和稳定顾客、提高营业额的方法。这种卡的收益远远好于预期，逐步被越来越多的行业套用。然而这种卡片有其明显的局限性，它只能在一家店铺消费而不能通用。

关于现代信用卡的雏形，较为公认的说法是 1951 年出现的"大莱卡"。据说有一天，美国商人弗兰·麦克纳马拉在纽约的一家餐厅吃饭，结账时发现身上没有现金。通达的老板解围说："我知道你信誉一向非常好，下次来一起付吧。"这次尴尬的用餐经历，让麦克纳马拉产生了创建信用卡的想法。1950 年春，麦克纳马拉与他的好友斯耐德合作，投资 1 万美元，在纽约创立了"大莱俱乐部"(Diners' Club)。世界上第一家信用卡机构就此诞生。

按照麦克纳马拉与他的好友斯耐德两人构想，能够在商户与客户之间，创造一个提供付账服务的第三方。他们希望能够从商户那里获取一些费用以实现发卡机构的盈利，而不是从消费者那里收取费用，增加消费者的负担。他们向一些餐馆老板咨询是否能够支持这种做法，结果只有一个老板表示支持，而多数店家对这种新的消费模式并不认可。虽然支持者寥寥，但麦克纳马拉与斯耐德仍坚持探索和尝试。两人将目标首先锁定在了曼哈顿的餐饮业，经过和餐馆老板们屡次艰难的谈判，他们终于说服一批餐馆接受了这种模式。

功夫不负有心人，终于有一些商户愿意尝试使用他们的信用卡。最早的一批客户是一批销售经理，他们很快接受了这种信用方式。因为这可以使他们方便了解手下推销员应酬花销的支出，控制销售成本。在餐饮业打开局面之后，大莱卡很快普及到了旅游业等其他领域。至1951年，大莱卡会员已突破4万人，美国的很多主要城市都有接受大莱卡的商户。而大莱卡公司先替持卡人垫款，并向商户收取手续费的模式一直沿用至今。

归纳起来大莱俱乐部的运作和盈利模式是：（1）大莱俱乐部与不同的商户签约，以确保大莱俱乐部发行的信用卡允许被使用，大莱俱乐部按照交易金额的一定比例（7％）收取商户手续费;（2）大莱俱乐部向消费者发行信用卡以供消费者购买商品和服务使用，大莱俱乐部收取持卡人年费(18美元);（3）大莱俱乐部向商业银行贷款，以向签约商户支付消费者赊账消费的资金，在持卡人归还赊账消费金额后，大莱俱乐部再将这部分资金归还银行。大莱卡推出不到一年，仅在1951年3月一个月，就处理了300万美元的交易金额，获利6万美元。到了1956年，大莱卡的年交易额超过了2.9亿美元，获利4000万美元。

1958年，美国运通公司推出了运通卡。与大莱卡不同，运通公司是美国的百年老店。它于1850年由快递业务起家，二战以后已是知名的大公司，其当时最赚钱的业务是通行于全世界的旅行支票，当时，许多银行已推出了银行卡，在运通公司擅长的旅游业领域，大莱卡也在积极扩张着市场。在此形势下，运通公司早有开展银行卡业务的打算，却因担心会影响其旅行支票业务而犹豫再三。

据说，当听说大莱卡正在计划设立一个像运通一样的国际性旅行服务网络，并要发旅行支票时，为了防止其对自己业务的蚕食，运通公司的总裁终于下定决心开展信用卡业务。不管最初的决策是如何达成的，运通公司凭借其良好的声誉以及广泛的客户群，很快在这项业务上打开了局面。在运通卡发行时，签约入网的商户便有1.7万多人。此后，随着美国旅馆联盟的15万卡户和4500个成员旅馆的加入，运通卡逐渐被美国主流商界所接受。

同样是在1958年，甚至早于美国运通公司，美洲银行也推出了他们的第一张信用卡。但美洲银行没有进行大规模宣传，而是在加州一个中等城市弗雷斯诺市(Fresno)进行了一个市场测试。美洲银行给弗雷斯诺市几乎所有的家庭寄去了总计6万张美洲银行信用卡。有别于以往只有少数富人可以使用信用卡，弗雷斯诺市的普通家庭也享有了这种卡片，且一夜之间有了几千美元可以支配。在测试的第二年，人们用美洲信用卡购物的金额就达到了5900万美元，相当于现在的3.5亿美元。

与大莱卡不同的是，美洲银行的信用卡增加了信用滚动功能。持有美洲信用卡的消费者，不仅可以像使用大莱卡那样付账，而且在月底收到账单时不必付清全部欠款。如此一来，卡上未还清的余款将自动滚入下个月。银行则收取这部分余款的利息，信用卡也由此多了一种盈利方式。事实上，美洲银行的信用卡集两种产品于一身：如果每月付清欠款，这种卡就和大莱卡一样，但相比大莱卡，持卡人还多一个选择，那就是可不还清全部欠款，让余款作为信贷开始滚动。美洲银行信用卡的出现不仅改变了信用卡用户的构成，而且其开创的"滚动信贷"的模式一直作为信用卡的核心特征保存至今。

图为全世界第八大的清真寺——

阿布扎比大清真寺。

《古兰径》中有这样写道:

吃利息的人,要像中了魔的人一样,

疯疯癫癫地站起来。

图片来源:作者拍摄。

不给利息的银行

存款有息，贷款付息。这在我们多数人看来，似乎是天经地义的事情，也是现代银行业经营的前提和基础。但是，在全球拥有 10 亿多人口的伊斯兰世界里，银行存款是不能付给储户利息的。如果不给利息，银行又怎么吸收到资金呢？下面，我们就给读者介绍一下伊斯兰银行不付利息的原因，以及伊斯兰金融的运作模式和机制。

吃一个金币的利息，比通奸三十六次还严重

伊斯兰教被认为是伊斯兰社会制度的基础。在伊斯兰社会，无论是政治制度、经济制度还是生活方式都受到伊斯兰教的深刻影响。虽然《古兰经》没有制定出系统的经济主张，但是相关的内容却散见在不同章节，据此形成了独特的伊斯兰经济思想。依此经济思想形成了伊斯兰世界独特的经济理论，从而影响了伊斯兰国家的经济和金融制度，形成伊斯兰世界不同于我们世俗世界的独特的金融体系和运作机制。

伊斯兰银行和金融机构的经营思想来源于《古兰经》和伊斯兰法，

它们两者的主导原则都是严厉禁止发放高利贷或接纳利息。在伊斯兰术语中"利息"被称为"利巴"，即指由于对货币的使用而事先拟定好的任何方式的固定酬金。在《古兰经》中有关禁止利息的经文是这样讲的，"吃利息的人，要像中了魔的人一样，疯疯癫癫地站起来"。甚至还说，"明知故犯地吃一个金币的利息，比通奸三十六次更为严重"。更进一步讲到，"如果你们真是信士，那么你们当敬畏真主，当放弃赊欠的利息"。

伊斯兰经济学家对此的解释为：利息是一种不劳而获的收入，它会使富人的钱像滚雪球一样越滚越多，而债务人则会债台高筑，永不得翻身。这种不平等的行为既不利于社会经济的健康发展，也会严重危害社会秩序的稳定。人们都应劳动，为社会做贡献。通过劳动获得的收入才是正义的、纯洁的。银行严格禁止利息的目的就是防止出现剥削和负债等现象，并保证资金的增值能建立在"共享利润、共担风险"的基础上。

伊斯兰教产生于公元 7 世纪至公元 10 世纪的西亚、中东和北非，当时正处于部落经济向私有经济转化的时期。伊斯兰教中的相关教义反映了当时阿拉伯世界经济、社会和文化生活的特征。对于高利贷的禁令，是在这种现象泛滥成为社会严重问题的情况下才开始颁布的。《古兰经》号召人们主动放弃利息，并且对以往发生的借贷既往不咎。这些规定及时刹住了当时盛行一时的高利贷盘剥之风，缓解了社会贫富阶层之间的矛盾。但是，当经济社会发展到商品社会时，这种思想严重影响了伊斯兰世界金融的发展。

"共享利润、共担风险"，"不收利息、只要利润"

近代，西方殖民主义侵入中东地区，将西方的金融思想带入该地区。巴基斯坦总督赛赫德·哈桑最早提出了建立伊斯兰银行的设想。20世纪50年代末，巴基斯坦的巴旁遮普乡村地区出现了战后第一家伊斯兰银行。它的经营宗旨是发放无息贷款，救济贫困农民，但由于资金不足，不久便破产了。1963年7月，艾哈默德·纳加尔在尼罗河三角洲乡村地区成立了一家无息储蓄银行，采取互助式经营，储户只需将少量资金存入银行1年，即可获得一定的无息贷款。由于银行不与客户一起分享投资利润，终告失败。

1972年，纳加尔在纳赛尔总统支持下，在开罗创办了纳赛尔社会银行。它首次采用投资"盈亏共担"原则，并获得了成功。1975年伊斯兰会议组织的成员国，在沙特阿拉伯的吉达成立了世界上第一家伊斯兰银行——伊斯兰发展银行。此后，巴基斯坦和伊朗在国有化的基础上，将伊斯兰金融及经济体制引入其庞大的国内外金融网络之中，于是，众多的伊斯兰式的银行及金融机构在许多国家相继成立。截至2012年，全球共有716家伊斯兰金融机构，分布于61个国家，占全球银行业资产的比例约为1.5%。

银行是资金融通的中介，吸收不到资金就无法进行投资。但因受到教义和伦理的制约，伊斯兰银行不能发放贷款，收取利息。如果不支付利息，银行就很难吸收到资金。为此，伊斯兰经济金融学者，在不违反伊斯兰教义的基础上，按照现代经济法律体系，设计了多种融资和经营模式。在遵循"共享利润、共担风险"原则下，通过共同投资、租赁、收取费用等各种手段对相关企业和项目进行投资，同时将利润或收益支付给存款人。这些经营模式包括以下几种。

有利交易。按照伊斯兰教义，不能收取利息，但是可以获得利润。伊斯兰银行一般不为其客户办理货币借贷业务，而是为其直接提供实物，借贷合约一般用购买合约或租赁合约来替代。银行代替客户购买货物和设备，然后再以成本加价方式或以分期付款方式出售给客户。这种方式适用于短期贸易融资，约占伊斯兰银行资本额的70％。

融资租赁。伊斯兰银行购买一项生产性产业，然后将其转租，并在特定期限内按固定金额收取费用，银行保持对该产业的所有权。租赁是为交通工具、机械设备等融资而设计的。租赁还有一种形式是将一部分分期付款改为最终购买的租赁方式（所有权同时转移给承租人）。融资租赁业务约占伊斯兰金融交易量的10％。

联合投资。银行与其合伙人对一个项目进行联合投资，由一方或双方管理，按事先约定的比例分配利润和分担亏损，银行可以成为项目的合资方之一。这种方式一般用于交通和建筑业等中长期项目投资，但由于银行长久性参股，资金失去流动性，故一般采取寻找其他合伙人来代替，逐步收回投资的方式，最后只分得部分项目收益。

此外，还有联合兴办企业、目标投资、分期式贷款投资、有限投资、先期付款、按预定价付款等多种融资和经营模式。

事件篇

发生在 17 世纪 30 年代的荷兰郁金香泡沫，

与法国的密西西比公司泡沫、

英国的南海公司泡沫，

一起被称为世界最早的三大泡沫事件。

图片来源：作者拍摄。

疯狂的郁金香

　　提起郁金香，许多人立刻就会想到被誉为"鲜花之国"的荷兰。的确，荷兰人钟爱郁金香，将其奉为国花，并把它和风车、奶酪、木鞋一起，统称为荷兰的"四大国宝"。每到暮春时节，漫山遍野的郁金香争奇斗艳，晶莹修长的叶片，像装满美酒的酒杯似的花朵，亭亭玉立，馨香怡人。但就是这样一种看似普通但又很神奇的花卉，曾经引发荷兰人的疯狂，其价格一度超越了黄金，并最终引爆了世界上最早的经济泡沫。

　　其实，荷兰并不是郁金香的原产地。郁金香原产于中亚，从天山西部到帕米尔高原外阿莱山脉再到喜马拉雅山西部的带状地区。1550 年，以土耳其的港口城市君士坦丁堡(现称伊斯坦布尔)为中心的郁金香贸易市场开始出现，并迅速传到现在的比利时和法国。1593 年，荷兰植物学家卡洛琳·柯璐秀(Carolus Clusius) 把郁金香种球带回了荷兰，并种在了荷兰莱顿大学的植物园内。

　　柯璐秀把郁金香引入荷兰后，做了大量的试验和郁金香育种研究，郁金香逐渐赢得了众多荷兰人的喜爱。然而，柯璐秀并不是一个开放的人，他拒绝与任何人分享这一来自异域的宝藏。后来，一些贪婪的农场主决定从柯璐秀的花园中偷这些珍奇的郁金香。就这样，久负盛名的荷兰郁金香贸易以这种不高雅的方式拉开了序幕。

柯璐秀的郁金香被盗后不久，小型的郁金香苗圃开始出现。在市场上偶尔也可以看到郁金香种球在售卖，但是由于数量极少，所以价格也就非常昂贵。17世纪初，以东印度公司为代表的贸易集团开始出现，荷兰商业空前发达，荷兰的黄金时代到来了。很多贵族开始展示他们的财富，价格相对昂贵的郁金香开始成为身份和财富的象征。

郁金香昂贵的价格和丰厚的利润吸引了众多投机者的眼球。投机商资金的大量注入不可避免地再次促使已经价值不菲的郁金香种球价格进一步提升。在丰厚利润的驱使下，不仅富有的商人不想错过这个机会，中产阶级和小商人也抵御不了郁金香暴利的诱惑，被卷入郁金香的炒作贸易中。人们购买郁金香不是为了自己种植和观赏，而是希望以更高的价格出售给别人，想通过郁金香贸易实现一夜暴富。

随着郁金香爱好者的大量增加，郁金香需求量进一步扩大，郁金香交易市场空前繁荣，原本只有冬季才进行的郁金香球茎交易，变成一年四季的常态交易。整个荷兰被郁金香和郁金香种球贸易的魔力所支配，全境掀起了郁金香狂潮。单个郁金香种球的价格被推高到了匪夷所思的地步，是当时黄金价格的上百倍。在最疯狂的时期，每个郁金香种球的价格达到了4000荷兰盾，相当于当时木工技师年薪的10倍。

郁金香种球的贸易不仅可以现金的形式进行，也可以"以物易物"的形式进行。人们为了获得一个垂涎欲滴的郁金香种球，经常拿出他们的所有财产进行交换。郁金香种球到手之后再把它卖掉，从而获得巨额的利润。1637年初，郁金香价格达到顶峰。据说，其中有一种郁金香的球茎，单价高达13000荷兰盾。当时这个价格能够在最繁华的阿姆斯特丹运河地段买一栋最为豪华的别墅。

说到泡沫破灭的导火线，还是一个颇有讽刺意味的传闻。在郁金香泡沫鼎盛的时期，有一个单身父亲倾其所有的家产进行郁金香的炒作，但在以全部身家购得一个稀有球茎后，不幸意外身亡。而两个幼小的女儿完全不懂郁金香的交易，在家徒四壁却又极度饥饿的时候，发现了这个郁金香球茎，较大的女儿把它当作洋葱和妹妹分着吃掉了。这个故事迅速引发市场中投机者的恐慌，大量抛售手中的球茎及交易合约。

在1637年2月的一天，郁金香的巨大泡沫破灭了，郁金香贸易市场崩盘了，平均价格跌幅超过90%。这个消息如野火燎原席卷全国，大家争相抛售囤积的郁金香种球。许多郁金香贸易商破产了，许多以前相当富有的人成为无家可归的人。到18世纪，由于郁金香产量的提高和人们恢复了对郁金香的理性看待，郁金香的价格逐渐下降到了合理的水平。虽然荷兰人仍然偏爱郁金香，但人们已经不再疯狂地追逐郁金香。郁金香不再是富人阶级的代名词，而成为人们美化家园的普通花卉。

从人类历史上第一个泡沫事件就可以看出，贪婪和恐惧是人类内心两个魔鬼，是一切泡沫事件的根源。贪婪会制造出诱人的美丽之花，拉抬价格，诱人入市。于是，贪婪的本性驱使更多的人为获利而蜂拥跟进，拥挤的市场上价格出现持续上涨甚至暴涨。此时，美丽的花朵已经变异成投资的标的并膨胀为巨大的泡沫，一些先知先觉率先退出，价格开始下跌。当有更多的人有所感知时，恐慌便会像一只凶猛的狼，驱赶着人们争先恐后地抛出他们原来奉为至宝的东西，最终导致泡沫的破裂，使深陷其中的人们变得血本无归。

INSANITY AND RATIONALITY

THE WORLD FINANCIAL
HISTORY
YOU SHOULD KNOW

图为威廉·霍加斯的铜版画《南海泡沫》。

南海公司作为官办公司，

不仅曾受到英国政府和王室的厚爱，

甚至获得了超越英格兰银行的许多特权。

图片来源：达志影像。

作家吹出的泡沫

　　英国著名小说家丹尼尔·笛福,不仅写出了传世杰作《鲁滨孙漂流记》,同时还和罗伯特·哈利(后为牛津伯爵)一起吹出了欧洲早期"三大金融危机"之一的"南海泡沫"。"南海泡沫"蒸发掉了很多英国人的巨大财富,连著名的物理学家牛顿也深受其害,在这场股市泡沫中牛顿赔掉了 2 万英镑,相当于他当英国皇家造币厂厂长 10 年的薪水。英国经济由此也陷入长时间的低谷。

　　1701 年,英、法等国为争夺西班牙王位及其殖民地和海上霸权爆发战争,战争进行了 13 年,消耗了英国王室大量的财富,英国王室欠下了一屁股债务。丹尼尔·笛福提出了一个解决英国政府债务的妙招,让王室向某些企业授予权力以垄断某地区的贸易,然后再从那些公司获取部分利润,以便让政府偿还这笔债务。其实在此之前,英国就曾用英格兰银行转嫁政府债务问题。

　　丹尼尔·笛福的这个构思很快就引起了时任英国财政大臣牛津伯爵的极大兴趣。在牛津伯爵的倡议下,南海公司遂于 1711 年通过英国国会法案成立。当时，英国人把南美洲和大西洋沿岸地区称为南海，所以公司也就起名叫"南海公司"。南海公司成立之初，就认购了总价值近1000万英镑的政府债券。随后，南海公司开始发行新股。作为回报，英国政府对该公司经营的酒、醋、烟草等商品实行了永久性退税政策，并给予其在南美洲的贸易垄断权。

南海公司作为官办公司，不仅受到了英国政府和王室的厚爱，甚至获得了超越英格兰银行的许多特权。而其最具想象空间的，是南海公司可能去南美洲东部海岸开采金矿银矿。只要英格兰的船只到达秘鲁和墨西哥，那边的金银就能源源不断地运回到英国国内。而与此同时，市场还有传言，南海公司将从西班牙手中接手南美洲四个港口。这个被称为"牛津伯爵杰作"的公司，在这样的背景下，股票在市场上炙手可热，一路上涨，开始了它的造富运动。

1720年，英国的公共债务达到了惊人的3100万英镑，南海公司适时提出了购买这些债务的建议。在建议中，南海公司要求发行的新股利率为5%，到1722年以后降为4%。对于南海公司这样的建议，议员们感到欢欣鼓舞，并开始准备议案。伦敦各大交易所进入空前的亢奋状态，南海公司的股票一天之内从每股130英镑涨到300英镑。两个月后议案得到下院的批准。与此同时，南海公司董事会主席也对公众展开了宣传攻势，还专门请丹尼尔·笛福为公司撰写了宣传册，进一步推动南海公司股价上涨。投资者也进入了亢奋状态。

与此同时，关于南海公司的各种神话也在社会上流传。比如，南海公司将被授权与西班牙所有的殖民地进行自由贸易，波托西拉帕兹那个地方蕴藏着丰富的矿藏，英国的银子将像铁一样充裕。英国生产的棉花和羊毛将换来墨西哥人全部的金矿……总之，在南海股票上每投资100英镑，年末将获得超过百倍的利润。南海公司还给出了融资购买股票的方案，只要首付10％，就可购买股票，其余的4年内还清。由于购买踊跃，股票供不应求，公司股票价格狂飙，从1月的每股128英镑上升到7月的1000英镑以上，6个月涨了将近7倍。

在南海公司股票示范效应的带动下，全英所有股份公司的股票都成了投机对象。社会各界人士都卷入了旋涡。著名科学家牛顿起初用了大约7000英镑的资金购买了南海公司的股票，很快他的股票就涨起来了，仅仅两个月左右，比较谨慎的牛顿把这些股票卖掉后，竟然赚了5000英镑。但刚卖掉股票，牛顿就后悔了。因为到了7月，股票价格已达到了每股1000英镑，几乎增值了7倍。于是，牛顿决定加大投入。但此时的南海公司出现了经营困境，股票断崖式下跌，牛顿也未及脱身，亏了2万英镑。牛顿在事后不得不感叹："我能计算出天体的运行轨迹，却难以预料到人们如此疯狂。"

面对不断上涨的股票，英国政府感到了恐慌。1720年6月，为了制止各类"泡沫公司"的膨胀，英国国会通过了《泡沫法案》，由此导致很多公司解散，公众开始清醒过来。这种怀疑态度逐渐扩展到了南海公司。

从 7 月开始，首先是外国投资者抛售南海股票，国内投资者纷纷跟进，南海股价很快一落千丈。仅仅一个月，股价就从每股 1000 英镑跌到了每股 700 英镑，9 月直跌至每股 175 英镑，12 月跌到了每股 124 英镑。"南海泡沫"由此破灭。"南海泡沫"给英国人带来了沉痛的教训，至此之后相当长的时间内，英国公众对股份公司闻之色变，对股票交易避而远之。这使得英国政治与经济陷入了长时间的低谷。

丹尼尔·笛福的《鲁滨孙漂流记》中有这样一段话：在不同的环境下，人的感情又怎样变幻无常啊！我们今天所爱的，往往是我们明天所恨的；我们今天所追求的，往往是我们明天所逃避的；我们今天所愿望的，往往是我们明天所害怕的，甚至会吓得胆战心惊。股票市场就是这样一种东西。当股票处于上涨阶段时，所有的人都疯狂地购买股票，一时间股票成为人们的最爱；当股票处于下跌阶段时，所有人都想把它抛售掉，同样的股票变成了人们手中的"烫手的山芋"。"追涨杀跌"是人类的本性，有时甚至到了疯狂的程度，连牛顿这样伟大的科学家都难以预料，而这也是造成金融市场危机的重要原因。

INSANITY AND RATIONALITY

THE WORLD FINANCIAL
HISTORY
YOU SHOULD KNOW

图为美联储大楼。

1913 年，美国国会终于通过了欧文－格拉斯法案，

建立起联邦储备银行。

至此，美国也有了中央银行。

图片来源：作者拍摄。

一次促成美联储诞生的银行危机

19 世纪末 20 世纪初，由于没有中央银行对银行业实行统一调控和监管，美国频繁发生金融危机。爆发在 1907 年的银行危机是美国在国民银行时期所经历的最后一次严重的金融危机，也是首次由以 J. P. 摩根为首的一群纽约的私人银行家进行救助的金融危机。这次危机虽然并非破坏性最大的一次，却引起了最为激烈的社会反应，并激发了美国历史上一场前所未见的银行改革运动，最终促成了美国联邦储备体系的建立。

20 世纪初的美国经济与 2008 年金融风暴前类似，处于新一轮迅速上升期。那时，美国铁路和重工业建设迅速发展，电力、汽车、化学等新兴工业崛起。1902～1907 年，美国的发电量从 48 亿度增至 106 亿度，增长了 1 倍多；1900～1907 年，世界汽车产量由 7000 辆增至 84000 辆；1905～1907 年，美国建成了 25000 公里铁路，使用了 860 万吨钢轨，生产了 2 万台蒸汽机车和 69 万节车厢。

当时美国经济正处于兴盛之中，企业对资本的欲求如饥似渴。对资本的巨大需求促使机构与个人投资者过度举债。在这种情况下，一种相对较新、未受监管的金融创新形式方兴未艾，这就是信托公司，大体可以同今天的对冲基金和私募股权基金相提并论。

美国当时的信托公司和今天的投资银行一样，享有许多商业银行不能经营的投资业务，但极其缺乏政府监管。这导致这些信托公司可以不受限制地过度吸纳社会资金，并将其投资于高风险、高回报的行业，或投资于股市。1906 年，纽约一半左右的银行贷款都被信托公司作为抵押投在高风险的股市和债券上。

1907 年 10 月中旬，美国第三大信托公司尼克伯克信托投资公司对联合铜业公司收购计划失败。造成该股票两个小时内从 60 美元暴跌至 10 美元。这次股价暴跌使联合铜业公司很快破产，纽约铜股市剧烈震荡，市场上铜股票持有人损失惨重。市场传言尼克伯克信托公司即将破产，第二天这家信托公司遭到"挤兑"。

尼克伯克与 2008 年的雷曼兄弟一样，成为倒下的一系列多米诺骨牌中的第一张牌。尼克伯克倒闭后，银行对于信托业产生强烈不信任感，银行要求信托公司立即还贷，受到两面催款的信托公司只好向股票市场借钱，借款利息一下冲到 150% 的天价。同时，恐慌让银行间出现"惜贷"现象，美国市场资金流动性停滞。

由于大量存款人在区域银行提款，恐慌扩大到全国各地。流言像病毒一般迅速传染了整个纽约：惊恐万分的存款市民在各个信托公司门口彻夜排队等候取出他们的存款；道琼斯工业指数最低时达到 57.56 点，与历史最高位 103 点相差 45.44 点，到 10 月 24 日，股市交易几乎陷于停盘状态。连锁效应推动了恐慌向全美乃至全球传导。在这场危机中，美国共有 300 多家信托公司倒闭。

当时，美国还没有中央银行，也没有一家政府机构向市场注入流动资金。在挤兑危机从信托公司扩散到商业银行之前，纽约的私人银行家们决定采取联合行动，并请出已经隐退的华尔街老将 J. P. 摩根来负责组织反危机工作。现在的摩根士丹利就是 1933 年从摩根公司拆分出来的投行。摩根当时可谓富可敌国，资产达 13 亿美元。

摩根组织了一个由银行家组成的联盟，成立紧急审计小组，评估受困的金融机构损失，向需要资金的金融机构提供贷款，购买他们手中的股票。他说服其他银行家用手头的资金购买纽约市发行的债券。如果没有金融家 J. P. 摩根的干预，这次恐慌可能影响更深远。事后证明，摩根支持的每一家金融机构都存活了下来。

华尔街流传着这样一句名言："假如人们普遍预期市场崩溃的话，那么这种崩溃就不会发生，因为一种自我保护的恐惧感会渗入到市场中来，从而使股市变得较为理性。"这种说法在 1907 年却并未应验。

其实，早在 1903 年，保罗便将一份如何将欧洲中央银行的"先进经验"介绍到美国的行动纲领交给雅各布·希夫，这份文件随后又被转交给纽约花旗银行的总裁詹姆斯·斯蒂尔曼和纽约的银行家圈子，大家都觉得保罗的思想非常好。但当时美国反对私有中央银行的政治力量和民间力量相当强大，纽约银行家在美国工业界和中小业主的圈子里口碑极差。在这样的政治气氛中想通过有利于银行家的中央银行法案比登天还难。

当时银行家们早已经预见到了经济过热发展中出现的严重泡沫现象，当然这也是他们不断放松银根所导致的必然结果。摩根和他背后的国际银行家们精确地计算着这次金融风暴的预估成果。首先是震撼美国社会，让"事实"说明一个没有中央银行的社会是多么脆弱。其次是挤垮和兼并中小竞争对手，尤其是令银行家颇为侧目的信托投资公司。再次就是得到让他们垂涎已久的重要企业。

1913年，美国国会终于通过了欧文－格拉斯法案(又称联邦储备法案)，建立起了联邦储备银行。至此，美国也有了中央银行。美联储是在私人利益和政府集中责任之间取得平衡的银行，成立美联储的主要目的是解决银行挤兑的问题，监督和规范银行业金融机构，保护消费者的信贷权利，管理国家的货币供给。美国联邦储备系统是以私有形式组织的行使公共目的的政府机构。美国政府虽不拥有美联储的股份，但美联储94％的利润要转交给美国财政部，剩余6％用于给会员银行发放股息。

INSANITY AND RATIONALITY

THE WORLD FINANCIAL
HISTORY
YOU SHOULD KNOW

图为 1929 年华尔街股市崩溃。
美国佛罗里达房地产泡沫破灭，
引发了华尔街股市的崩溃，
最终导致了 20 世纪 30 年代的世界经济大危机。
图片来源：达志影像。

被飓风吹破的地产泡沫

　　近年来我国房价出现了快速上涨，尤其是北京、上海、广州、深圳等一线城市的房价突飞猛进，普通百姓已经无力购买，这引起了关于我国是否存在房地产泡沫的争论。有人认为，我国房地产市场存在泡沫，政府应该采取措施挤压房地产泡沫；但也有人认为，高房价不等同于泡沫，我国的房价上涨是由"刚需"推动的。究竟什么是房地产泡沫，房地产泡沫又有什么危害？这需要我们从国外房地产泡沫的历史教训中来学习和分析。

　　世界上最早可考证的房地产泡沫是发生于1923～1926年的美国佛罗里达房地产泡沫，这次房地产投机狂潮引发了华尔街股市大崩溃，并导致了以美国为首的20世纪30年代的全球经济大危机。从20世纪70年代开始积累，到90年代初期破裂的日本地价泡沫，是历史上影响时间最长的房地产泡沫，导致了日本经济10年的萧条。1997年由于房地产泡沫而引发的亚洲金融危机，给世界经济带来了震荡。而2008年由美国次贷危机引发的全球金融危机，其重要原因就是美国房地产泡沫的破灭。

20 世纪 20 年代中期，美国经济出现了短暂的繁荣，建筑业日渐兴盛。在这种背景下，拥有特殊地理位置的佛罗里达州出现了前所未有的房地产泡沫。佛罗里达州位于美国的东南端靠近古巴的地方，这里的气候温暖湿润，有些类似我国的海南岛。传统上，来自纽约等酷寒地带的美国有钱人喜欢在冬季到佛罗里达的棕榈海滩等地避寒。第一次世界大战后，这里已成为一般民众冬天的度假胜地。由于佛罗里达的地价一直远低于美国其他州，因此该州成为理想的投资地。许多美国人来到这里，迫不及待地购买房地产。

随着购房需求的增加，佛罗里达的土地价格逐渐上涨。尤其在 1923～1926 年，佛罗里达的地价出现了惊人的涨幅。例如棕榈海滩上的一块土地，1923 年值 80 万美元，1924 年达 150 万美元，1925 年则高达 400 万美元。很快，在迈阿密近海的 200 公里地段，各种建设项目如雨后春笋般矗立。沼泽地的水抽干了，铺上新的道路。每个人都在谈论土地的供应如何有限，人口增加如何快速，这片阳光地带的土地如何将被抢购一空。迈阿密海滩一块在 1896 年仅值 25 美元的土地，到了 1925 年卖了 12.5 万美元。

1923～1926 年，佛罗里达的人口数量大增，开往迈阿密的火车轮船上，挤满了做发财梦的美国人。全国各地的淘金者都纷纷涌向那里，南部的公路塞满了来自各地的汽车。一个被困于交通堵塞中的游客曾计算过，在等待的各种车辆中包含了 18 个州的车牌。到处都在规划新建大量的饭店、公寓和娱乐场所，大量建筑材料的货运需求使运输延误成为司空见惯的现象。在棕榈海滩的一块拟建公寓的空地上堆满了浴缸，而其他建筑材料还未运到，公寓能在什么时候建好没有人知道，也没有人关心。

人们购买土地已经不是为了自己居住和使用，而是因为在其预期中这块地能很快以不错的价格转手卖给他人，从而获取升值收入。在这种情况下，各种各样的房地产交易中介如雨后春笋般迅速发展。据统计，到1925年，迈阿密市居然出现了2000多家地产公司，当时该市仅有7.5万人口，其中竟有2.5万名地产经纪人，平均每3位居民中就有1位专做地产买卖。当时，地价每上升10%，炒家的利润几乎就会翻1倍。在房地产最疯狂的那几年，人们的口头禅就是"今天不买，明天就买不到了！"

逐利是资本的本性，投机是最快的获利方法。投机的心理基础是预期未来价格的上升，一旦这种预期走上非理性的道路，投机需求中的"羊群效应"日益明显，资产的价格将按照人们的预期被一步步地推高，而风险也在一步步地累积。这时候的高价格实际上是非常脆弱的，只要有任何的风吹草动，转手交易的下一个买主不再出现，泡沫的破灭就是必然。所以我们说，泡沫的产生必定是投机的结果。是泡沫就一定会破灭，不破灭就很难判断是否为泡沫。

果然好景不长。随着沼泽地一块又一块投入市场，新进的资金不够支撑土地价格的不断飙升。1926 年 9 月一场飓风袭击佛罗里达，最终引发佛罗里达房地产泡沫破碎。飓风和台风一样都是热带气旋，发生在西北太平洋和我国南海的被称为"台风"，发生在大西洋、加勒比海和北太平洋东部的则被称为"飓风"。美国气象局把这次飓风描述为"可能是有史以来袭击美国的最具破坏性的飓风"。估计造成的死亡人数在 325 到 800 人之间。飓风过后，昔日繁华的佛罗里达一片狼藉，一些地方的海水涨到了二楼，人们只能爬到屋顶逃命。人们不再把房地产当作宝贝，而将其视作"烫手山芋"，纷纷抛出自己手中的房地产，导致房地产价格迅速大幅度地下跌。持续狂热 4 年之后的佛罗里达房地产泡沫终于被飓风吹灭。

房地产泡沫并不可怕，可怕的是泡沫破灭。飓风之所以能吹灭佛罗里达房地产泡沫，根本原因在于当地的房地产价格过高，而飓风只是泡沫破灭的一个诱因。房地产泡沫的破灭，将导致整个资金链的断裂，大量房地产企业面临破产，银行爆出巨量坏账，甚至最终引发金融危机。美国佛罗里达房地产泡沫破灭之后，许多企业和银行破产，一些破产的企业家、银行家有的自杀或发疯，有的则沦为乞丐。据说美国商界大名鼎鼎的"麦当劳教父"雷·克洛克，当年也因此一贫如洗，此后被迫做了 17 年的纸杯推销员。紧接着，这场泡沫又激化了美国的经济危机，结果引发了华尔街股市的崩溃，最终导致了 20 世纪 30 年代的世界经济大危机。

INSANITY AND RATIONALITY

THE WORLD FINANCIAL
HISTORY
YOU SHOULD KNOW

图为 1944 年 7 月布雷顿森林会议。

美、英等 45 国参会，

会议通过了以美国怀特方案为基础的

《国际货币基金组织协定》和《国际复兴开发银行协定》。

图片来源：达志影像。

英镑和美元最后的较量

    国际货币基金组织和世界银行都是依据 1944 年 7 月在布雷顿森林会议签订的《国际货币基金协定》而设立的，这是二战后，英美在货币领域的最后一次较量。这次会议通过了美国提出的怀特计划，而放弃了英国提出的凯恩斯计划。从此就奠定了美元作为世界货币的霸主地位，而英镑从此也随着大英帝国的衰落而一蹶不振。

    从 19 世纪 70 年代起通行的金本位制，保持了国际上汇率的相对稳定。但是，第一次世界大战后，由于黄金总量有限、分配失衡等原因，金本位制受到严峻挑战。没有黄金的度量和锚定，国际金融货币制处于极端不安定状况。放弃金本位后，各国货币与黄金脱离关系，汇价变动更加复杂和混乱。正是鉴于这一段困难的历史，美英等国早在第二次世界大战结束之前就频繁接触，研究建立新的国际货币体系和金融秩序。

    在两次世界大战中，欧亚主要国家经济都遭受了重创，美国由于远离战场，并在战争初期保持中立，本国经济未遭到破坏，并且还大发了一笔。二战后，美国已经成为全球最强经济体，美国的黄金储备已经占到了世界的 70%。在这种情况下，美国极力主张恢复金本位制。而一直以来享有主导货币特权的英国，由于受到战争的重创，经济实力一落千丈。当时的英国已经无力实行金本位制来维持英镑的稳定。1931 年 9 月，英国宣布放弃金本位制，并且实行外汇兑换管理，英镑只有在英镑区才能自由兑换。这标志着英镑的地位已从国际核心货币沦为区域货币。

1941 年 12 月，美国财长摩根索让其助手怀特着手起草一个稳定货币的方案，这个方案将所有盟国涵括在内。与此同时，英国的财政部顾问、著名经济学家凯恩斯通过与其同僚积极进行研究，在 1942 年 2 月提出了建立国际清算同盟的建议。根据其建议，这个同盟将为各国中央银行开立账户，账户的货币单位为一种新的国际货币，取名为"班柯"。"班柯"以黄金为基础，各国汇率以"班柯"定值。成员国在一定限度内可以向同盟透支，同盟对债务国和债权国双方均要收利息。这意味着调整国际收支的负担由债务国和债权国共同承担。

两个月后的 1942 年 4 月，美国正式提出了怀特方案——关于联合国稳定基金和复兴开发银行的初步建议。这个建议在汇率规定方面同凯恩斯的意见相同。根据怀特方案，建立"联合国平准基金计划"，基金至少为 50 亿美元，由会员国按规定的份额缴纳。基金货币与美元和黄金挂钩。表决权取决于会员国缴纳的份额。美国的怀特方案更着重于汇率稳定方面，而不像英国那样着重于宽松地提供国际清算手段方面。美国最担心的是日后美国可能的财政负担和作为有国际收支盈余的债权国的权利问题。此外，美国怀特方案强调取消外汇管制，而英国方案则不那么强调，甚至主张管制资本流动。

美国提出怀特方案和英国提出凯恩斯方案的目的都是解决经常项目的不平衡问题，着重解决工业发达国家的资金需求问题；探求汇率的稳定，防止汇率的竞争性贬值。但是，怀特方案企图构建以美元为中心的资本主义世界货币体系，凯恩斯方案表明英国企图同美国分享国际金融领导权。当时国际金融秩序混乱，战后美国经济实力增强，有称霸的野心，英国等西欧国家普遍衰弱。在这种情况下，富有而且强大的美国势必要取代英国的世界霸主地位。但是，这种世界超级大国地位的更迭并不是一帆风顺的，不仅是政治、经济、军事各方面的综合较量，也是美元与英镑在货币领域的一次生死角逐。

美英两国都向其他国家宣传它们提出的方案，争取其他盟国的支持。与此同时，两国专家也对各自的方案进行了修订。1943 年春，怀特将新修订的方案送给凯恩斯。凯恩斯这时认为，他的清算同盟的主要目标在怀特的稳定基金方案中同样可以得到体现。4 月，两个方案都公布并在两国展开了激烈的讨论。为了争取各国的支持，美国将怀特方案的新修订稿寄给了 37 个国家，并在这年夏天，邀请了 46 个国家讨论美国方案。美国还开始同一些国家，包括加拿大、法国、澳大利亚、中国、巴西、墨西哥和智利就此进行双边会谈。实际上，面对日益强大的美国，英国已甘拜下风。

1943 年秋，美英双方经过了 9 次会谈，最终提出了第一个联合声明。这个声明又经过双方多次的反复讨论和修改，终于在 1944 年 2 月对剩余的分歧点达成了协议。1944 年 4 月美英两国最后发布了协议的专家联合声明。至此，召开国际会议的条件一切就绪。5 月 25 日，美国国务院正式通知 45 国政府于 7 月 1 日在布雷顿森林举行会议。会议通过了以美国怀特方案为基础的《国际货币基金组织协定》和《国际复兴开发银行协定》。

1945 年 12 月 27 日，国际货币基金组织与世界银行同时在华盛顿成立，其使命是为陷入严重经济困境的国家提供协助。对于严重财政赤字的国家，基金可能提出资金援助，甚至协助管理国家财政，目标是确保全球金融制度运作正常。加入国际货币基金组织的申请，首先会由基金的董事局审议。之后，董事局会向管治委员会提交"会员资格决议"的报告，报告中会建议该申请国可以在基金中分到多少配额以及条款。管治委员会接纳申请后，该国需要修改法律，确认签署的入会文件，并承诺遵守基金的规则。

特别提款权是国际货币基金组织于 1969 年创设的一种储备资产和记账单位。它是基金组织分配给会员国的一种使用资金的权利。会员国在发生国际收支逆差时，可用它向基金组织指定的其他会员国换取外汇，以偿付国际收支逆差或偿还基金组织的贷款，还可与黄金、自由兑换货

/ 癫狂与理智：你不得不知的世界金融史

币一样充当国际储备。由于它是国际货币基金组织原有的普通提款权以外的一种补充，所以被称为特别提款权(SDR)。2015 年 11 月 30 日，国际货币基金组织执董会批准人民币加入 SDR 货币篮子。人民币加入 SDR 之后，各货币的权重分别为：美元 41.73％，欧元 30.93％，人民币 10.92％，日元 8.33％，英镑 8.09％。

图为 1956 年苏伊士运河战争。

苏伊士运河战争及由此导致的英镑危机，

向世界展现了新兴美元的日益强盛

以及英镑的日落西山。

图片来源：达志影像。

苏伊士运河战争背后的货币较量

　　1956 年 7 月 26 日，通过"七月革命"上台的埃及民族主义政府，宣布将苏伊士运河收归国有。这一决定引起了欧洲殖民者—— 特别是英、法两国的震惊和强烈反应。习惯了传统殖民主义统治的英、法两国，置埃及民族利益与国际社会舆论于不顾，最后铤而走险，伙同以色列发动了对埃及的武装侵略，第二次中东战争爆发。这场战争的双方实力悬殊。按常理说，英、法加上以色列可以轻而易举地战胜埃及，但是，由于美国不仅不支持这场战争，还在背后导演了英镑危机，最终导致英国在这场战争中以失败而告终。

　　苏伊士运河位于埃及，连接地中海与红海，提供从欧洲至印度洋和西太平洋附近土地的最近航线。苏伊士运河的开凿历史可能远至埃及第十二王朝。新的苏伊士运河由法国人于 1869 年开通，1875 年迫于债务卖给了英国。二战前，苏伊士运河主要是英、法老殖民主义国家的势力范围。二战结束后，苏伊士运河逐渐成为超级大国相互争夺的一个重点地区。但是，经过二战洗礼的中东各国人民逐渐觉醒，他们反对殖民主义、帝国主义，维护国家主权与民族利益的要求日益强烈，民族解放运动如火如荼。1956 年的苏伊士运河战争正是以埃及总统纳赛尔为代表的阿拉伯民族主义与新老殖民主义之间矛盾激化的产物。

　　1956 年 10 月 29 日，英、法对埃及发动战争后，苏伊士运河就断绝了通行，从中东到地中海的输油管线也遭到了破坏，欧洲遭遇了严重的石油恐慌。二战结束之后，美国石油巨头和银行家力推以美元定价石油。中东的石油不能充分运输以后，欧洲各国不得不使用美元进口石油。于是，充足的美元储备就成为英国所必需的。然而，苏伊士战争开始后，英国的美元储备大量减少。不但因为进口石油需要大量美元，这还是以后更长时间的问题，最要命的是英国经济会因为苏伊士战争受到拖累，人们开始对英国经济和英镑失去信心，于是英镑下跌的传言便开始流行。拿着英镑的人们都想把它卖出，变成美元。英格兰银行为支持英镑，有收购的义务，以使英镑不至于跌落到 2.78 美元以下。

　　英国和法国入侵埃及，希望重新夺得对苏伊士运河的控制权，但这一行径不符合美国在该地区的战略需要。美国认为，对埃及动武将激起阿拉伯世界对西方的敌对情绪，不利于美国扩大在中东地区的影响。可是英国政府并没有认识到这一点，甚至还认为美国会支持他们。在决定对埃及动武之前，1956 年 9 月 20 日，英国财政大臣麦克米伦曾到美国参加国际货币基金组织会议，并与美国领导人进行广泛接触。

但他一直没探探美国人的口风——如果英国对埃及使用武力，美国会做何反应。英国人错误地认为，如果英国入侵埃及，美国人尽管在公开场合表示强烈反对，但暗地里会提供援助，包括石油和美元。英国这一想当然的做法致使战争爆发后自身陷入了尴尬境地，它并没有从美国得到所期望的援助。

为阻止英镑在国际市场上贬值，英国不得不拿大量美元来收购和支撑英磅。11月2日，美国在联合国大会提出了一项停火决议。美、英矛盾公开化，导致英镑出现挤兑。为了达到迫使英国停火的目的，11月5日，美国财政部长乔治·汉弗莱还指令美联储纽约分行在市场上抛售英镑，导致英国本来就不充足的外汇储备急剧减少，出现了严重的国际收支危机。在苏伊士运河战争之前，英国的外汇储备已经快降到了被视为最低安全水平的20亿美元。面对来势凶猛的英镑抛压，英国需要借助美国来干预英国外汇市场。当英国掌玺大臣拉博·巴特勒打电话向美国财政部长乔治·汉弗莱寻求援助时，乔治·汉弗莱明确提出，要把英国履行联合国停火决议作为条件。

在接下来的两个星期里，英国虽表示接受停火协议，但仅同意撤出一个营的兵力，这引来了众多赌注英镑贬值的投机者。考虑到未来英镑可能会进一步贬值，购买英国商品的外国买家要求延期付款，而向英国销售商品的卖家则要求提前付款。12月2日，在发布储备情况月度报告的两天前，英国内阁被迫同意将12月22日作为撤军的最后时限。第二天，乔治·汉弗莱同意支持英国从国际货币基金组织提款。12 月 10 日，在美国的支持下，英国的借款申请得到批准。最终美国以英军撤出苏伊士运河为条件，迫使英法联军撤出该地区。美国利用其拥有国际货币地位的美元，发挥了比军队更加迅捷的效应。

货币是一个国家经济和综合国力的象征。拥有领导地位的国际货币，不仅能给发行国带来超额的经济利益，还能带来超越政治和军事的国际权力。欧佩克组织就是只要美元，其余货币一概不要。二战结束后，英镑的霸主地位受到了美元的严峻挑战。二战前，美国是英国的债务国；二战后，英国反而欠美国 47 亿美元。二战后，英国的黄金储备消耗殆尽，世界黄金储备的一半为美国所占有。由此，美元成为国际化的货币。苏伊士运河战争及由此导致的英镑危机，不仅向世界展现了新兴美元的日益强盛以及英镑的日落西山，也使英国逐渐失去了在金融货币领域的领导地位，不得不让位于在二战中崛起的美国。

INSANITY AND RATIONALITY

THE WORLD FINANCIAL
HISTORY
YOU SHOULD KNOW

图为纽芬兰岛。

1948 年，迫于经济压力和沉重的债务负担，

纽芬兰决定加入加拿大联邦，成为加拿大的第十个省份，

亦是最后加入的省份。

图片来源：达志影像。

负债过高而被收购的国家

负债是企业资金的重要来源。适当的负债是企业经营的手段之一，但是过高的负债不仅会使企业背上沉重的负担，影响企业的健康发展，而且如果出现违约，甚至会导致企业破产或被收购重组。对于一个国家来讲也同样，适当的负债不仅可以解决建设或者战争需要大量资金的问题，也有利于刺激经济的发展，但是过高的负债将导致主权信用的降低，如果出现主权违约事件，不仅会损害国家的声誉，甚至还会产生更加严重的后果。

在人类历史上希腊是第一个主权违约的国家，早在公元前 4 世纪的阿提卡海洋联盟，当时 13 个希腊城邦中就有 10 个未能偿还提洛神庙的借款。自 1800 年至 2009 年，全世界至少发生过 250 次主权外债违约。大的违约潮共有 5 次，分别为拿破仑战争时期、19 世纪 20～40 年代末、19 世纪 70～90 年代、20 世纪 30 年代大萧条时期，以及 20 世纪 80～90 年代新兴市场的债务危机。

最早解决主权违约的方式主要是动用武力胁迫或战争入侵。1876

年，埃及政府的债务已接近1亿英镑，伊斯梅尔无奈之下宣布财政破产，各国接管了埃及事务，英国更是在1876年和1882年先后入侵了埃及。直到70年后，埃及才真正摆脱英国的殖民统治。在现代社会由于借款来源相对分散，成本收益分析也往往得不偿失，武力和战争的方式逐渐被放弃，但想当"老赖"也很不容易。苏俄在1918年拒绝偿还沙皇时期的债务，但当俄罗斯重新回到国际债务市场时，还是不得不就违约债务进行象征性偿还。

如果一个国家的债务负担过重，而又不想违约，那它可能就要被迫接受他国提出的重组条款，甚至丧失国家主权或被吞并收购。

纽芬兰岛是位于北美大陆东海岸上大西洋海域的一个岛屿。1583年，英格兰探险家汉弗利·吉尔伯特爵士宣称纽芬兰属于英格兰，纽芬兰成为大英帝国的第一个海外殖民地。纽芬兰渔场是世界上最大的渔场之一，在经济上对英国十分重要，尤其对于英国船只运输业和捕鱼业的重要性更为显著。17世纪"不列颠贸易委员会"甚至一度认为，在财富和安全上，纽芬兰的重要性大于加拿大和路易斯安那的总和。1832年，英国在纽芬兰建立民选议会，1854年起纽芬兰获得责任政府。

加拿大独立之后，一直想把纽芬兰并入其领土，被纽芬兰人断然拒绝。在此后的岁月中，加拿大多次向纽芬兰伸出橄榄枝，但同样遭到了纽芬兰人的拒绝。直到1914年第一次世界大战爆发，与英国同宗同源的纽芬兰也加入了英国对德国的战争。在这场战争中，纽芬兰不仅人员损失惨重，同时在财政各方面也是债台高筑，本来还很富裕的纽芬兰背上了沉重的债务负担。但是，纽芬兰人对自己的经济还是非常自信的，因为他们拥有全世界最好的渔场。他们相信，用不了几年，就可以偿清债务。

但偏偏在这个时候，美国等国家的渔业发展起来了，全球的鱼肉价格出现了下滑，而此时其他食品价格则出现了上涨。纽芬兰除了渔业之外，其他食品主要靠从国外进口。纽芬兰失去了主要的收入来源，同时还要支付更多的食品进口费用。纽芬兰受到了食物价格上涨和干鱼价格下跌的双重挤压，人民生活苦不堪言。再加上在战争时欠下的巨额债务，财政一下子就被压垮了。到了 1930 年，纽芬兰已经欠下了 4000 万美元的外债，超过国民收入的三倍。纽芬兰作为国际借款的信用大幅下跌，主权债务使国家到了破产的边缘。

1933 年，由于担心纽芬兰的信用可靠性，加拿大各大银行威胁要暂停对其放贷，纽芬兰面临资金链断裂的危险。在万般无奈之下，纽芬兰只好去抱英国的大腿了。英国派出的皇家调查委员会在进行了三个月的调查与广泛取证之后，建议纽芬兰解散议会，由英国指派一个"六人委员会"对其进行管理，这等于纽芬兰放弃国家主权，重新变为殖民地。但是，由于债务负担实在太重，纽芬兰也不想违约，于是纽芬兰只好答应。从那年开始，纽芬兰又成了英国的一部分。英国从每年的预算中拨出一部分，帮助纽芬兰还债。

第二次世界大战结束之后，英国经济遭受重创，昔日的威风已不复存在，其作为世界经济领导者的地位也不得不让位于美国。在这种情况下，英国已经顾不得纽芬兰这样的小兄弟了。英国政府持续削减对纽芬兰的预算，并明确希望纽芬兰能加入加拿大联邦。但纽芬兰人还是很不愿意加入加拿大，可又没有办法独自走出经济困境，于是就装模作样地同加拿大谈判，希望能在加拿大的帮助下建立一个独立的政府。当加拿大发现纽芬兰的企图后，就断然拒绝了，并表示没有兴趣在经济上帮助纽芬兰，除非纽芬兰选择加入加拿大联邦。

纽芬兰人心里很是不情愿，可是面对沉重的债务负担和日益萧条的经济，他们也别无选择。在英国的紧逼、加拿大的利诱，以及本国联邦主义者的推动下，纽芬兰人最终不得不"就范"。1948年，纽芬兰公投，决定加入加拿大联邦。1949年3月31日子夜，纽芬兰正式成为加拿大的第十个省份，亦是最后加入的省份。虽然从一个独立的国家变成了联邦的一个省，但是纽芬兰的许多权利得到了相当大的保证，每年联邦预算中都有不小的一部分用来资助该省的经济，保护已凋零的渔业。

捕捞鳕鱼是纽芬兰的传统产业。20世纪下半叶的过度捕杀造成了纽芬兰海域的鳕鱼数量急剧减少。1992年，加拿大政府下令禁止捕捞鳕鱼，纽芬兰渔业遭遇灭顶之灾，三万人失去工作，大量人口迁出，省人口数量开始连年下降。直到今天，纽芬兰仍然是加拿大经济比较落后的省，财政还需要靠加拿大政府的补贴维持。一些渔民在夏季下海捕鱼，到了冬天海港冰封时就主要靠领取政府失业救济金过活。

图为位于美国纽约第五十九街的广场饭店。

自开业来它一直是名流要人下榻之地，

被认为是权贵的代名词。

1985 年广场协议在这里签署。

图片来源：达志影像。

导致日本衰落的广场协议

20 世纪 80 年代初期，美国财政赤字剧增，对外贸易逆差大幅增长。美国希望通过美元贬值来增强产品的出口竞争力，以改善美国国际收支不平衡状况。广场协议的签订得到日本大藏省的强力推动。当时日本经济发展过热，一些日本政府官员认为，通过使日元升值可以帮助日本拓展海外市场，收购或成立更多的独资或合资企业。

20 世纪七八十年代，第二次石油危机爆发，石油价格大幅上涨，引发美国消费物价指数不断攀升，美国国内出现了严重的通货膨胀，通货膨胀率最高的时候曾超过了两位数。为抑制日益走高的通货膨胀率，美联储采取了紧缩的货币政策，不断提高美国利率，在最高的时候，美国的利率超过了 20%，被一些人戏称为"自耶稣诞生以来最高的利率"。紧缩的货币政策很快就控制了美国的通货膨胀，美元汇率也随之走强。

一开始，美国人还是乐见其成的。里根总统喜欢提的口号是"强大的美国、强势的美元"，而美联储主席保罗·沃尔克则被封为"反通胀斗士"。但是，过高的美元使美国的出口特别是制造业出口受到了沉重打击，而日益强盛的日本成为美国贸易逆差的最主要来源。1984 年，美国对日本的双边贸易逆差规模达到 462 亿美元，已经接近美国贸易逆差总规模的 40%。日本理所当然地成为美国"治理"贸易逆差的主要对象。

为此美国向日本提出了日元升值的要求，美、日两国相关政府部门进行了多次磋商。1984 年 2～5 月，美国财政部和日本大藏省举行了 6 次工作谈判，并发表了具有谈判成果性质的报告书，宣称："最终的结果是日元和美元以及德国马克一样，成为世界货币。日本的外贸规模排在世界第二……日元也应该成为世界第二的货币。"但是，报告的点睛之笔是："长远地看日元的国际化，我们希望日元最后能升值。"

1985 年 9 月 22 日，美、日、英、法、德五国财政部长和央行行长于美国纽约中央公园对面的广场饭店召开会议，会议达成的协议就是广场协议。这些西方最发达国家的"财神爷"，一直有个与其身份不相称的外号——"通货黑手党"。他们之间的会议，就像黑手党密谋一样，都是关门召开，所谈内容也不见光。虽然这次会议的会期只有一天，但其达成的协议影响深远。广场协议的主要内容就是让日元升值，美元贬值。

有人说广场协议是美国人给日本人设计的圈套，但根据事后当事人的回忆，广场会议实际上是日本人提议召开的，只是会议的具体地点是根据美国人的建议确定的，日本人积极主动参会。1985 年 9 月 21 日下午，时任日本大藏省大臣的竹下登和友人相约，到东京成田机场旁的一个高尔夫球场打球。他带着高尔夫球杆和球鞋，行李却已经藏在轿车的后备厢里。他害怕被其他日本乘客认出，没有搭乘日本的航班，而是选择了泛美航班的机票，直接飞往美国纽约。同行的日本中央银行总裁甚至戴了一副大口罩。

关于广场会议召开的日期，有一个流传很广的说法——"日本人的小诡计"。因为 1985 年 9 月 22 日是一个星期天，第二天金融市场开市，各国就要开始行动了。由于时差的关系，日本将成为第一个外汇市场开始交易的国家。但是 9 月 23 日是日本的秋分假期，金融市场继续休市。日本故意隐瞒此事，让德国第一个出头探路。但也有人对此有不同的解释，选择 9 月 22 日召开会议，一方面是会议内容保密的需要，另一方面是里根政府要在 23 日发布新的外贸政策，平息国会里的贸易保护情绪。

广场会议后的第二天，9 月 23 日，美元贬值之战正式打响。除日本外，G5(美国、日本、联邦德国、法国、英国）的其余四个国家分别在金融市场开市后抛售美元。再加上广场会议的高调宣扬，金融市场已经明确 G5 的意图，卖出美元成了当天的一致行动，效果立竿见影。当天在纽约市场上，美元兑日元以 1∶225 收盘。一天后，轮到日本出手了，却反应很小。东京外汇市场的美元兑日元汇率开盘价是 1∶230，基本与此前国际市场的收盘价持平。当天，日本银行向市场上抛售了 12 亿美元，市场竟然无动于衷，收盘是 1∶230.4，日元不仅没升，反而还略微贬值。

但东京外汇市场终究拗不过世界金融大势，同时，日本大藏省、日本银行也不断加力，到了 1985 年的 10 月，美元兑日元的汇率达到 1：210，效果已经十分明显。广场协议要美元贬值 10％～15％的目标基本实现了。广场协议似乎可以宣告成功。但时间在一天天推进，日本也越来越焦躁地发现，日元升值成了脱缰的野马，拦不住了。到了 1986 年 1 月，日元升值的趋势持续，日元兑美元汇率逼近 200：1。

当有记者就汇率问题追问时任日本大藏省大臣的竹下登时，他很轻松地回答："那 1 美元兑换 199 日元又怎么样？兑换 190 日元是不是有问题呢？各个行业不一样，能够接受的环境也不是完全没有。"这一句话引爆了市场。1 月 24 日，路透社转发竹下登的这番讲话，行文是"竹下藏相明言可以接受 190 左右的日元汇率"。

眼看日元升值狂飙突进，竹下登赶紧出来解释，他的意思是"1 美元兑换 199 日元和 200 日元没有很大区别"，避免汇率突破 200 的心理关口造成市场恐慌。竹下登还对媒体满腹牢骚："痛感作为通货政策负责人的发言，应该统一到'只有上帝知道'那句话上去。今后不管问我什么问题，只要是有关通货，就回答'只有上帝知道'。"

面对日元凶猛的涨势，日本急迫地展开了货币外交。1987 年 2 月 21 日，G5 财长会议在法国巴黎卢浮宫召开，五国达成"卢浮宫协议"，表示要为促进汇率"稳定在目前的水准附近"而紧密合作。从表面上看，卢浮宫协议宣告了广场协议的终止，但它根本没有阻止住广场协议绵绵不绝的后续影响。1988 年初，日元汇率达到 1 美元兑换 120 日元的水平，比广场协议前升值一倍。进入 20 世纪 90 年代，日元最高达到了 1 美元兑换 80 日元左右，是广场协议前日元汇率的 3 倍。

虽然日元升值没有影响到极度依赖出口的日本经济，但是它却吹大了日本金融地产的泡沫，为日本经济埋下了隐患。1988～1990 年，日本经济的增长率都保持在 5％以上，仍是同期世界上发展最快的国家之一。但是，这一时期日本经济只是外表的繁荣，日元在短时间里的剧烈升值和金融市场在短期里的自由化，实际上已经掏空了日本经济的内在发展动力。日本实体经济受到了巨大冲击。而日元升值带来的直接"收益"是，金融投机成为最简单有效的获利模式，金融、地产的热度提升到了顶点，累积了大量的金融泡沫。

为了抑制日元的进一步升值，从 1987 年开始，日本采取了宽松的货币政策，连续五次降低利率，不仅为日本历史之最低，也为当时的世界最低利率之一。过度扩张的货币政策，造成了大量过剩资金，这些资金通过各种渠道流入火热的股票市场和房地产市场，进一步刺激了股市和楼市的高涨。由此造成的不良债权问题越积越重，成为日本经济的沉重包袱。20 世纪 90 年代的十年中，日本经济几乎陷于停滞，因而被称为"失去的十年"。而且在此之后，日本经济再没有恢复广场协议前奇迹般的增长速度。

丝绸之路是一条商业与贸易之路，
货币在其中扮演着重要角色，
是丝绸之路上不同国家和种族人们
进行商品交换的催化剂和润滑剂。
图片来源：达志影像。

丝绸之路上的货币

    丝绸之路是一条古老而漫长的商贸之路，也是连接亚、欧、非三大洲的大动脉，它贯穿古代中国、阿富汗、伊朗、叙利亚、土耳其，通过地中海到达罗马。从公元前 2 世纪到公元 14 世纪的 1000 多年，丝绸之路一直是连接世界古代文明发祥地中国、印度、两河流域、埃及以及古希腊、罗马的重要纽带。在丝绸之路上进行的政治、经济、文化、军事交往促进了东西方文明共同发展繁荣，但是丝绸之路最主要还是一条商业与贸易之路，在丝绸之路上各国进行着丝绸、茶叶、香料、珠宝等广泛的商品贸易。有贸易就必然要有货币，在丝绸之路的不同区域和不同时期出现了各种各样的货币。因此，丝绸之路也是一条货币之路。

    货币在丝绸之路贸易中扮演着重要角色，是丝绸之路不同国家和种族人们进行商品交换的催化剂和润滑剂。金银天生是货币，但是货币天生不是金银。在早期丝绸之路的商品交换活动中，丝绸本身就曾经作为货币充当不同国家和种族人们之间货物交换的媒介。实际上，在西汉张骞出使西域之前，原始的丝绸之路就已经存在。但此时的贸易范围仅限于局部地区，贸易规模也相对较小，物物交换是丝绸之路上最典型的贸易方式。此时，丝绸本身就曾充当了交易的媒介，发挥实物货币的职能。由于丝绸本身价值比较高，又便于携带和储藏，是王公贵族的奢侈用品，所以很容易被各个不同国家和种族的人们所接受。按照《说文解字》的解释，"币：帛也"。古的"币"是帛，即没有颜色的丝质品，它的本源概念是作为一种礼品在人际交往中流通。在商品经济不发达的远古时代，币是礼品流通之物。

西汉汉武帝为了联合西域攻打匈奴，派张骞出使西域，丝绸之路被彻底打通。到了魏晋南北朝时期，丝绸之路不断发展，形成了三条路线：西北丝绸之路、西南丝绸之路和海上丝绸之路。张骞凿空西域之后，丝绸之路上的商业逐步繁荣起来，原先作为货币的贝壳、丝绸已经无法满足日益扩大的交换量，于是价值量大且稳定、易分割与便于携带的金属货币开始出现，并逐步取代了丝绸、贝壳等成为丝绸之路上新的交换媒介。汉朝中央统一铸造的五铢钱随着商品交换渐渐流入西域，发挥着中外贸易通用货币的功能。在我国新疆、中亚等地考古时已发现大量的汉朝五铢钱，而在中国其他地区也发现了许多丝绸之路沿途国家的金属货币。金属货币在丝绸之路上广为流通，极大地促进了丝绸之路的贸易往来。

唐朝时期，形成了以唐朝货币为基础货币的汇率雏形，唐朝货币一定程度上扮演了区域性货币的角色，有效促进了中国与西域的贸易繁荣。唐朝货币既有金属，又有实物。金属货币主要是铜币，实物货币主要是绢帛。唐朝时，丝绸之路上的流动商胡在内地用商品交换丝绸，进入西域地区后，则用丝绸换取金银，这种丝绸转手贸易在当时一度十分盛行。唐朝政府多次立法提高铜币地位，影响了西域地区对内地铜币的态度，提高了内地铜币在西域的地位。唐朝内地铜币属于大国货币，无论储藏或者使用皆较可靠。在当时的丝绸之路沿线地区，唐朝铜钱承担了地区流通手段的职能乃至国际货币的职能。以唐朝货币为代表的货币文化影响了西域地区，当时大唐发行的铜钱已经成为东亚地区的主要货币之一。

蒙元贵族入主中原之后，仍然延续着唐宋时期的贸易政策，保持丝绸之路贸易的畅通。受蒙古铁骑实行破坏性的对外扩张、元朝禁止金银铜铁流出海外等方面因素的影响，丝绸之路上较少发现元代金属货币，更多的是由西域流入中原的金银钱币。元朝统一中国后，废铜钱，改交子、会子，发行元宝钞，简称元钞。元钞已是当时国际商业往来中的一种通用货币，不仅在国内通行，而且通过丝绸之路传到了中亚和欧洲。从某种意义上来说，元钞已是当时国际商业往来中的一种通用货币。一些国家还竞相效仿发行自己的纸币，甚至印上了汉字"钞"字。纸币的发行也使得在丝绸之路上长途跋涉的商旅不必携带笨重的金银或铜钱，只需一叠纸钞即可，有力地促进了商业的发展。

在明代丝绸之路贸易中，明朝与西域之间的经济联系方式主要是通贡互市，其贸易品多为瓷器、丝绸、麝香等。此时，在新疆哈密等地流通着明朝中央政府铸造的钱币，如洪武、永乐、嘉靖、万历年号的通宝钱，而歪思汗银币、哈萨克汗国钱币等西域本地钱币也在丝绸之路上流通。清朝统一中国之后，清廷沿用明朝通贡互市的方式加强西域与中原的经济联系。此时的丝绸之路贸易不可避免地陷入衰退，贸易规模与贸易范围都大幅缩水，中原与西域的货币流传规模也大不如前。为了满足国家征税、财政、贸易的需要，清政府在新疆实行了新的货币制度，在南疆地区铸造红钱。红钱构成南疆地区使用最普遍、数量最多的货币，在南疆日常生活与丝绸之路贸易中起到重要的媒介作用。

货币作为商品交换的媒介，在一定程度上制约着商品交换的发展和繁荣。在漫长而广阔的丝绸之路上，曾经出现了多种形式的货币，这些货币作为贸易往来的催化剂和润滑剂，有效地推动了丝绸之路通商贸易与人员往来，而丝绸之路上货币的变化也成为人类社会货币变化发展的生动写照。中国目前已经成为世界第二大经济体，但是我们的人民币还没有成为世界货币，在国际贸易结算中，美元仍然占据着主导地位，人民币仅为世界第五大结算货币，这与我国的经济大国地位极不相称，也制约了中国与世界各国的贸易往来。习近平总书记提出"一带一路"战略，并把"货币互通"作为"一带一路"建设"五通"的重要内容。我们完全有理由相信，在"一带一路"战略的推动下，人民币国际化进程将大大加快，同时"一带一路"战略也将有力地促进"一带一路"建设以及中国同世界各国人民的贸易往来。

人

物

篇

图为雅各布·富格尔在他的办公室。

富格尔家族的成功是从雅各布·富格尔开始的，

他把家族财富积累到了顶峰，

是富格尔金融帝国的缔造者。

图片来源：达志影像。

买得起皇位的金融家

在 16 世纪的欧洲，有这么一个家族，是欧洲多位国王的债权人，两次为本家庭支持的选帝侯买下神圣罗马帝国皇帝的宝座。皇帝、国王、王公和贵族都去巴结这个家族的掌控人，教皇把他当作亲儿子一样来欢迎他和拥抱他，枢机主教在他面前都要起立致敬，全世界的商人都把他称为最聪明的人，而异教徒在他面前变得诚惶诚恐。这个家族就是富格尔家族。

14 世纪末，富格尔家族的祖先汉斯·富格尔从格拉本村来到奥格斯堡经商，从事香料、丝绸和毛织业原料的贸易，获得了家族的第一桶金，受到当地人的尊重。而家族的成功是从汉斯·富格尔的孙辈雅各布·富格尔开始的，他把家族财富积累到了顶峰，是富格尔金融帝国的缔造者。因为雅各布没有子嗣，家族公司是由他和他的两个侄子合伙经营的，直到雅各布去世时，公司一直被称为雅各布·富格尔和侄儿公司。

在 15 世纪欧洲的商业发展过程中，大量的资本开始积累起来，于是商业资本家开始进行信贷活动。他们的资金不是借给商人或普通百姓，而是借给欧洲急需资金的君主、王公和不发达国家。德意志帝国皇帝和王公是奥格斯堡和纽伦堡大商号的主要债务人。在商业领域挣了钱的雅各布，也进入金融领域。他把钱借给这些需要钱的欧洲君主，不仅从中赚取高额的利息，还从君主那里得到更多自己想得到的东西。

富格尔家族也把在商业领域获取的资金投入金融领域。1494 年富格尔家族公司成立，他们贷出的款额是以转让施瓦格和因斯布鲁克矿区的银子来偿还的，而且价格低于市场价 25％～30％。为了获得现金，皇帝把土地、矿山甚至城市的未来收入都抵押出去了，以此为基础富格尔家族发行了信用证券。最终，哈布斯堡王室领地上的西里西亚、匈牙利、卡林西亚、蒂罗尔、波希米亚等地的银矿、铜矿、铁矿全都落入富格尔家族。

1498 年，富格尔家族与另外三个贸易家族联合，向马克西米利安皇帝提供了一笔 15 万古尔登的巨额政治贷款。作为回报，国王赋予他们独立经营欧洲最大的铜矿——匈牙利蒂罗尔矿藏的权力。这一结合为欧洲史上唯一一次铜产业垄断铺平了道路。四大家族成立了卡特尔合作组织，像今天的石油输出国组织控制石油价格一样，它们垄断市场，统一抬高铜的价格。富格尔家族事实上垄断了整个欧洲的铜器市场。

由于封建主生产的银和铜是进行贷款的有效担保，在这个时期，银和铜的贸易成为富格尔公司的主要商贸活动。1507 年，皇帝马克西米利安为远征罗马，他接受帝国议会的建议向大商业公司举债，但没有成功。1507 年 7 月，马克西米利安只得以他身为基尔希贝格伯爵和威森豪恩领主的地产收入为抵押，向富格尔公司举债。以后抵押再也没有赎回。除了在格拉本和奥格斯堡的少量土地外，这些领地成为富格尔家族拥有的第一批大地产。16 世纪，富格尔家族在银行业取代了曾经辉煌一时的美第奇家族的地位。

雅各布在成为君主的提款机的同时，还帮别人两次购得皇帝宝座。1519 年糊涂的马克西米利安一世升天，帝国的选帝侯们将从两位候选人中选出新皇帝，要么是西班牙国王卡洛斯一世，要么是法兰西的弗朗索瓦一世。然而选帝侯们并不在意谁来当名义上的君主，他们所关心的是谁能抛出更多的贿赂金，选举皇帝实际上是一场拍卖活动。最终卡洛斯一世用 85 万古尔登获取了皇帝宝座，而这笔钱的真正投资人就是雅各布。

人们不禁要问，雅各布能有钱购买皇位，为什么不自己去买个皇帝当当呢？其实，和其他大多数的职业商痴一样，雅各布眼里只有钱财和收益，他对皇位并不感兴趣。多年来他给两位皇帝所代表的哈布斯堡王朝提供了巨额贷款。如果皇帝破产，他的贷款将血本无归。为此，他不得不想办法使债务人强大起来，以便保持偿还能力。他也同样希望新国王能继续向他借钱，因为贷款给国王的利率是给商人的两倍，甚至更多。当然，风险和收益总是对等的，借钱给君主也存在很大的风险。如果王室恶意违约，贷款人无权要求法庭审判，他们甚至也不能向王侯的继任者追讨。

与美第奇家族把大量资金用来购买艺术品，支持欧洲文艺复兴不同，富格尔家族更像土豪，喜欢大量购房置地。雅各布在和其夫人的谈话中曾讲道，东方人在创造自己的财富时有条准则就是，1/3 的地产，1/3 的珍品，最后的 1/3 用在公司的资本上。"我没有致力于扩大赢利而是明智地维持每个程序的限度。"在这种指导思想下，1507 年家族接受的贷款抵押品是基尔希贝格伯爵领地和威森豪恩的统治权，这就是把商业资本变成了地产。富格尔家族在许多地方都修建了华丽的城堡，比皇宫还要耀眼，最有名的是奥格斯堡城和多瑙城。

雅各布去世后，他的侄子安东尼继承了叔叔的做法，不断将财富变成土地和实业，造成了资金链紧张。虽然，富格尔财团的资产高达 500 多万古尔登，但仅卡尔五世的债款就有 200 万古尔登之多。1557 年，西班牙王国宣布破产。紧接着法兰西也出现了破产，大量贷款有去无回。1575 年西班牙再次破产，百万资产付诸东流。与此同时，富格尔家族遍布欧洲的贸易网络士气低落，每况愈下。最后整个家族只余下因雅各布·富格尔的遗训而未被变卖的大量土地，富格尔家族的后人们勉强依靠祖先的先见之明维持着富足体面的生活。

富格尔家族作为 16 世纪欧洲最大的金融家族，尽管其维系时间不长，但在欧洲商业史上留下了浓重的一笔。作为 16 世纪西欧商人的代表，富格尔反映了当时官、商关系的主要特征。当金钱左右着政治时，商人在社会上有着举足轻重的地位，能从政治中获得某些特权，垄断重要商品的交易，左右君主、教皇的选举，决定战争的胜负。但当政治决定着金钱时，商人随时面临破产的险境。由于当时欧洲各国政府都无止境地向商人借贷，而财政由于战争等消耗一空，为摆脱财政困境，政府不惜以宣布破产来行事，结果商人成了政治的牺牲品。

图为梅耶·罗斯柴尔德的五个儿子。

最上方为阿姆斯洛，

左上为内森，右上为所罗门，

左下为詹姆斯，右下为卡尔。

图片来源：达志影像。

神秘的罗斯柴尔德家族

     罗斯柴尔德家族曾经是世界上最富有的家族，对欧洲经济和政治产生长达两百多年的影响。罗斯柴尔德家族非常低调，对外界保持神秘。大多数普通中国人认识罗斯柴尔德家族，是通过宋鸿兵先生的《货币战争》。该书用了很多的笔墨介绍罗斯柴尔德家族的发迹史，同时认为，罗斯柴尔德家族仍然是世界金融的主宰者。事实果真如此吗？

     罗斯柴尔德家族发迹于 19 世纪初，其创始人是梅耶·罗斯柴尔德。1744 年，梅耶·罗斯柴尔德出生在法兰克福的犹太人聚居区，他的父亲摩西是一个流动的金匠和放贷人。梅耶从小就极为聪明，6 岁时就展现出惊人的智力。在这种情况下，摩西便倾尽心血地教授他关于金钱和借贷的商业知识。几年以后，摩西去世了，梅耶在亲戚的鼓励下，来到汉诺威的欧本海默家族银行当银行学徒。虽然他当时只有 13 岁，但他很快冒出头来，还赚得够钱买回会计所，经营银行业务。

     由于工作出色，梅耶被提拔为初级合伙人。在银行工作的日子里，他结识了一些很有背景的客户。梅耶意识到把钱贷给政府与国王的利润和保险系数要比贷给个人高得多，不仅贷款数额大得多，更有政府税收做抵押。这种来自英国的全新的金融理念使梅耶豁然开朗。几年以后，年轻的梅耶回到了法兰克福，继续他父亲的放贷生意。他还将自己的姓氏改为罗斯柴尔德（Rothschild，Rot 是德文红色的意思，Schild 是德文盾的意思）。

工于心计的梅耶很快和宫廷的重要人物熟稔起来。终于有一天，威廉王子召见了梅耶。威廉王子是个钱币收藏家，梅耶便以很低的折扣卖了几枚罕见的金币给威廉王子。很快威廉王子就对梅耶青睐有加。在几次以低价卖给王子稀世罕见的金币之后，梅耶不失时机地提出想要成为宫廷正式代理人，威廉王子很痛快地答应了他的请求。1769 年 9 月 21日，梅耶在自己的招牌上镶上王室盾徽，旁边用金字写上："M. A. 罗斯柴尔德，威廉王子殿下指定代理人。"一时间，梅耶的信誉大涨，生意越做越红火。

投身于威廉王子的帐下后，梅耶尽心竭力地把每件差事都办得尽善尽美，因此深得王子信任。不久法国爆发了资产阶级大革命，恐慌导致他的金币生意量大涨。当革命的矛头指向神圣罗马帝国的时候，德国与英国的贸易中断了，进口货的价格飞涨，从英国贩卖商品到德国使梅耶狠赚了一笔。后来，他不仅经营棉制品、烟酒，并开始从事银行业，20多年之后便成为法兰克福城的首富。

拿破仑当政以后，曾经试图将威廉王子拉到自己一边，威廉王子不愿在形势明朗之前站队，最后拿破仑宣布"要把赫思-凯瑟（威廉王子家族）从欧洲的统治者名单中清除出去"。随即法军大兵压境，威廉王子仓皇流亡到丹麦。出逃之前，威廉王子将一笔300万美元的现金交给梅耶保管。就是这300万美元的现金为梅耶带来了前所未有的权力和财富，成为梅耶铸造其金融帝国的第一桶金。

当他得到了威廉王子这笔巨款的时候，40多岁的梅耶就开始点兵遣将了。梅耶把他的五个儿子分别派遣到欧洲的不同城市，开拓地区性金融业务。他的五个儿子就像五支利箭射向欧洲的五个心脏地区：老大阿姆斯洛镇守法兰克福总部，老二所罗门到维也纳开辟新战场，老三内森被派往英国主持大局，老四卡尔奔赴意大利的那不勒斯建立根据地，并作为兄弟之间的信使往来穿梭，老五詹姆斯执掌巴黎业务。从此拉开了一个人类历史上前所未有的金融帝国帷幕，并最终建成了当时世界上最大的金融帝国。

到1850年左右，罗斯柴尔德家族总共积累了相当于60亿美元的财富，一个庞大的罗斯柴尔德金融帝国在欧洲形成。他们在各地开办银行，从事证券、股票交易和保险业务，投资工商业、铁路和通信业，后来又发展到钢铁、煤炭、石油等行业，其影响渗透到欧美及殖民地经济生活的各个角落。到了20世纪末，世界上主要的黄金市场也由罗斯柴尔德家族所控制，世界上排名第一的红酒品牌拉菲是这个家族创办的。苏伊士运河也是这个家族借钱给英格兰买下的。罗斯柴尔德家族影响了当时整个欧洲，甚至世界金融的发展。

罗斯柴尔德家族遵从严格的犹太教义，非常低调和保守。梅耶曾立下以下遗嘱：（1）所有的家族银行中的要职必须由家族内部人员担任。（2）家族通婚只能在表亲之间进行；（3）绝对不准对外公布财产情况；（4）在财产继承上，绝对不准律师介入；（5）每家的长子作为各家首领，只有家族一致同意，才能另选次子接班。罗斯柴尔德家族通过家族内部通婚严格防止财富稀释和外流，也使公司变得更加神秘。据说，在一百多年的时间里，家族内部通婚18次，其中16次是在第一表亲（堂兄妹）之间。

二战期间，作为犹太人的罗斯柴尔德家族遭受重大打击，大量家族成员被杀害，资产被侵吞，旗下超过2/3的金融机构完全消失。进入现代后，罗斯柴尔德银行集团的业务主要是并购重组。在2006年世界并购排行榜上，罗斯柴尔德银行集团排到第13位。罗斯柴尔德家族目前的成员多是银行家，和其他银行家没有多少区别。罗斯柴尔德家族在中国也有一些投资和业务。2007年8月，罗斯柴尔德家族出资2540万欧元获得青岛商业银行4.98％的股权。2009年，罗斯柴尔德的拉菲集团与中信集团在山东合作投资红葡萄酒项目，项目一期投资金额1亿元。2010年，吉利收购沃尔沃，据说财务顾问就是罗斯柴尔德银行。

INSANITY AND RATIONALITY

THE WORLD FINANCIAL
HISTORY
YOU SHOULD KNOW

图为科西莫·美第奇二世铜像。

虽不能说，

没有美第奇家族就没有意大利文艺复兴，

但可以说，没有美第奇家族，

意大利文艺复兴肯定不是今天我们所看到的面貌。

图片来源：作者拍摄。

文艺复兴背后的金融支持者

　　欧洲文艺复兴不仅创造了大量出色的艺术品及文学作品，同时也使人们的思想摆脱了教会的束缚，获得了空前的解放。由于思想家、艺术家、科学家并不能直接创造价值，必须要有大量的资金支持，美第奇家族就是文艺复兴背后的重要支持者。美第奇家族不仅是佛罗伦萨城邦的统治者，同时还通过掌控当时欧洲最大的家族银行等金融机构，为他们提供了源源不断的资金。所以虽不能说没有美第奇家族就没有意大利文艺复兴，但可以说，没有美第奇家族，意大利文艺复兴肯定不是今天我们所看到的面貌。

　　美第奇家族为文艺复兴所做出的重要贡献已为世人所熟悉，但其在经济领域，特别是金融领域的成就常被人们忽视。实际上，美第奇家族不仅是政治世家，也是金融世家。遍布整个欧洲的银行、当铺、毛纺工场是美第奇家族的经济支柱，也是美第奇家族支持文艺复兴运动的重要经济基础。有人估计，在某一时期内美第奇家族的财富甚至是全欧洲最富裕的家庭财富的总和。美第奇家族在银行管理、会计复式记账等方面有很多贡献，对后来欧洲的金融业发展影响很大。直到今天，欧洲很多典当行的门前都会挂三个金球，据说这就是由美第奇家族衣袖上的三颗装饰纽扣演变而来。

美第奇家族的祖先原为托斯卡纳的农民，后以经营工商业致富。1397年，美第奇银行的创业人比齐，凭借其曾为他人管理过银行的经历，在佛罗伦萨创建了美第奇家族银行，从此开始了这个伟大家族在佛罗伦萨的辉煌历史。按照美第奇银行的账目记载，美第奇银行的创建资本为10000弗罗林，其中比齐投入5500弗罗林，余下资金为其合伙人所投入。在当时，罗马是资本的聚集地，资本主要源于教皇国的存款，而佛罗伦萨则是欧洲银行业的中心，能够提供很好的投资机会。比齐也许正是为此而投资于佛罗伦萨金融市场。但比齐也很清楚，教廷仍是重要的资本来源，于是在佛罗伦萨建立总行的同时，在罗马也建立了属于美第奇银行的第一家分行。

在15世纪，佛罗伦萨的银行分为三类：抵押银行、小宗业务银行和大宗业务银行。美第奇银行属于第三类。美第奇银行成立初期，业务就开展得非常顺利，没过多少年就成为佛罗伦萨的主要银行。美第奇家族银行的辉煌是由比奇的儿子科西莫创造的。1435年，科西莫在日内瓦开设了第一家海外分行。到了1455年，美第奇家族银行在国内有佛罗伦萨总行和4家分行(分别位于比萨、罗马、威尼斯和米兰)，国外也有4家分行(分别位于阿维尼翁、伦敦、布鲁日和日内瓦)，同时还有遍布欧洲的多家典当铺，从事着货币兑换、质押贷款等业务。在美第奇家族银行中，罗马分行是收益最好的银行，最高曾占到了总收益的1/3。原因是在中世纪教皇国是唯一可以在许多国家获得收入的世界大国。教皇为了转移资金和支付自己在国外的开销，需要银行家在其左右为其服务，进行大量的货币兑换。

中世纪的银行公司大部分为合伙公司，合伙既是为了分散风险，也是为了获得更充足的资金供应。在合伙人或代理人的选择方面，美第奇银行尤其偏向家族成员，希望以此来强化家族对银行的全面控制。此外，血缘关系在决定职员的薪金水平和升迁机会方面也发挥着重要作用，美第奇家族的后代更容易得到重用和提拔，获得更多薪水。每一个重要职务的任期都突出了终身制的特征。在美第奇银行近百年历史上，共有8人担任过总经理一职，其中6人死在任上。随着总经理的人事变动，公司的合伙协议也发生了多次变更，但无论如何，美第奇家族一直保持着对公司的控股权。在所有权和经营权分离以后，诚信是对经营者最重要的要求。因为缺乏其他确保信任的手段，家族成员之间的血缘关系，自然成为保证互信的首选方式。

与之前的家族银行不同的是，美第奇银行不是由单独一家具有法人资格的银行组成，而是由几家分行组成的银行整体，总行通过控制分行50％以上的资本来控制分行的活动。每家美第奇分行都是一个独立的经营单位，拥有自己的名称、资本、账簿和管理者，家族银行之间谈判如同和其他外单位一样。两家分行之间谈合作之前首先要谈妥利益分成和承担损失的方式。虽然，各分行是独立的经营单位，但是美第奇家族银行的权力非常集中，每家分行基本都要以美第奇家族的名字命名。在决定分行业务时，美第奇家族甚至不需要向其他人说明和解释，至多与总经理商量一下即可。这种管控结构不同于现代银行的总分行制，更像是金融控股集团的架构。它的好处是实现了风险的隔离，如果某家分行经营出现问题，并不会波及其他分行。

美第奇家族银行为美第奇家族创造了巨大财富，成为美第奇家族步入佛罗伦萨政坛的铺路石，也是美第奇家族支持文艺复兴的重要经济基础。美第奇银行就像美第奇家族的提款机。正是由于有美第奇银行的丰厚利润做经济后盾，美第奇家族才有可能为艺术家、思想家、文学家、科学家慷慨解囊，赞助米开朗琪罗、达·芬奇和伽利略这样的天才，促进了当时文学、艺术和科学的发展。这些惊人的成就也使得美第奇家族被后人誉为"文艺复兴教父"。在美第奇家族的帮助和鼓励下，佛罗伦萨成为欧洲文艺复兴运动的发源地和中心，诗歌、绘画、雕刻、建筑、音乐均有突出成就，历史、哲学、政治理论等的研究也居于意大利各邦前列，为后人留下了宝贵的文化艺术遗产。

INSANITY AND RATIONALITY

THE WORLD FINANCIAL
HISTORY
YOU SHOULD KNOW

图为约翰·劳。

尽管事情以悲剧结局，

但约翰·劳仍不失为一个优秀的金融家；

就像拿破仑曾大败于滑铁卢一样，

他仍然是一个伟大的军事家。

图片来源：达志影像。

他，使法国一贫如洗

约翰·劳是 18 世纪初最受争议的金融家，甚至有人认为他根本就不算金融家，而是一个花花公子、赌徒、骗子。他最早提出了成立银行发行以地产或其他资产作担保的纸币的设想，并游说欧洲国家实践他的理论。他实践这一货币理论后成功解决了法国债务问题，但也由此引发了"密西西比泡沫"。这场危机把很多的法国人卷入其中，并让他们在一夜之间一贫如洗，法国经济也由此陷入萧条，多年之后仍难以复苏。

密西西比泡沫与荷兰的郁金香狂热、英国的南海泡沫被称为欧洲早期的三大经济泡沫。与另外两起经济泡沫一样，密西西比泡沫同样是投机炒作导致资产价格在很短时期内大起大落。不同之处在于，密西西比泡沫由金融创新引发，并且有官方的参与和支持。南海危机虽然也有官方参与，但仅仅是为了吸引人们投资。从这一点来说，法国密西西比泡沫更具有现代金融危机的特征，更值得我们研究和总结。

1671 年，约翰·劳出生于苏格兰一个富有的金匠及银行主家庭。年轻时期的约翰·劳饮酒无度、赌博、玩女人，把巨额家产挥霍一空。

1694 年，他在一场决斗中杀死了情敌，被关进了英格兰监狱死牢。在一个神秘友人的帮助下，他最终得以越狱逃之夭夭。而最新的研究揭示，这位帮助他的人就是《鲁滨孙漂流记》的作者丹尼尔·笛福。越狱之后，劳游历在欧洲各国，他凭借自己超凡的数学才能，打败了多家赌场的庄主，为自己积聚了巨额的财富，成为一夜暴富的百万富翁。事实上，"百万富翁"这个词就是专为他发明的。

约翰·劳在欧洲流浪时期，仔细观察了各国的银行、金融和保险业，提出了他独特的金融理论。与许多 18 世纪的经济学家一样，劳认为，当就业不足时，增加货币供给可以在不提高物价水平的前提下，增加就业机会和国民产出。产出增加之后，对货币的需求也会相应地跟上来。在实现了充分就业之后，货币扩张能够吸引外部资源，还可以进一步增加产出。说白了，就是通过无节制地发行纸币，达到增加产出和就业，解决经济问题的目的。他凭着这套理论，四处游说，但是没有一个国家买账。

1715 年，约翰·劳到了法国。此时，法国摄政王奥莱昂公爵正在为法国的财政窘态犯愁，约翰·劳的理论好像是向他抛出了一个救生圈。似乎法国只要建立一个能够充分供给货币的银行就可以摆脱困境，解决国债的资金融通问题。对于奥莱昂公爵来说，只要能够搞到钱，就是建立 10 个银行也不成问题。于是，在法国政府的特许下，1716 年，劳在巴黎建立了一家私人银行，取名叫作"通用银行"。通用银行拥有发行货币的特权，其货币可以用来兑换硬币和付税。通用银行建立后经营得非常成功，资产总额迅速增加。

1717 年 8 月，约翰·劳取得了在路易斯安那的贸易特许权和在加拿大的皮货贸易垄断权。当时，北美的路易斯安那属于法国的领地。由于路易斯安那位于密西西比河流域，人们便把由劳一手导演的泡沫经济称为"密西西比泡沫"。随后，劳建立了西方公司，并于 1718 年取得了烟草专卖权。1718 年 11 月，劳成立了塞内加尔公司负责对非洲贸易。1719年，劳兼并了东印度公司和中国公司，改名为印度公司，垄断了法国所有的欧洲以外的贸易。劳所主持的垄断性的海外贸易为他的公司源源不断地带来超额利润。

1718 年，通用银行实现了国有化，更名为"皇家银行"，约翰·劳仍然担任该银行主管。1719 年 7 月，劳向法国政府支付了 5000 万里弗尔，取得了皇家造币厂的承包权。1719 年 8 月，劳取得农田间接税的征收权。在 1719 年 10 月，劳的印度公司又接管了法国的直接税征税事务。1719 年，劳决定通过印度公司发行股票来偿还 15 亿里弗尔的国债。为此，印度公司连续三次大规模增发股票，允许持有政府债券的人用债券购买股票。这实际相当于替政府偿债。每次股票一上市就被抢购一空，股票价格也直线上升。1719 年 4 月，每股的价格还只有 500 里弗尔，半年之内就涨到了 18000 里弗尔。

在巨大的财富效应刺激下，法国上至达官显贵，下至贩夫走卒，全都投入了申购新股的狂潮中。公司股票价格一路飙升，甚至几个小时就能暴涨 20％。此时的人们，不仅狂热地进行股票投机，而且也热衷于花钱。全国各地的经济活动空前繁荣，其间也充斥着暴力、诈骗和抢劫等社会问题。股价暴涨刺激了新股的发行，印度公司不断增发新股。但是，出售股票所获得的资金并没有用来开采"遍地的黄金"，而是被皇室用来还债。由于纸币严重超发，法国物价飞涨，纸币贬值。一场巨大的危机已经临近。

第一次警兆发生在 1720 年。有一位王公贵族想将股票回售给密西西比公司，可是他又拒绝以规定的回购价出手，而希望以市面售出价卖回给公司。在遭到拒绝之后，这位大人一怒之下，将这些股票变卖的巨款全部兑换成了银币。于是，整整三辆马车载着银币从皇家银行驶出，招摇横穿整个巴黎城。这一现象令心思活络的巴黎市民产生了怀疑。更多的人也要求把手中的纸币换成银币。和所有的银行一样，皇家银行的承兑风险出现了。与此同时，公司的股票快速下跌。一夜之间，纸币、股票贬值到了最低点。

泡沫破灭之后，在股市上亏损的人们说，约翰·劳就是一个大骗子，他的车也被愤怒的人群砸成碎片。1721 年 11 月，法国王室发布了一项法令，宣布纸币不再具有价值。约翰·劳也变成了过街老鼠——人人喊打。最终他只得离开法国，逃往意大利的威尼斯。他的财产很快被充公填补"他造成的损失"。1729 年，约翰·劳在威尼斯长逝，这位曾经叱咤风云的金融人物晚景非常凄凉。人们为他写下这样的墓志铭："这里长眠着一个著名的苏格兰人，他计算技巧无人匹敌，他用简单的代数规则，把法国变得一贫如洗。"

著名经济学家熊彼特这样评价约翰·劳："他以卓越的才华和深奥的知识体系，给出了他的经济学理解，这使他得以跻身一流货币理论家之列。"作家席德·尼科尔森说："尽管事情以悲剧结局，但约翰·劳仍不失为一个优秀的金融家；就像拿破仑曾大败于滑铁卢一样，他仍然是一个伟大的军事家。"

图为 10 元美钞上的汉密尔顿像。

2015 年,

当美国财政部提出要在 2020 年版 10 元美钞上

用妇女领袖代替汉密尔顿时,

遭到了多数美国人的强烈反对。

图片来源: 达志影像。

无法替代的美国财政金融之父

　　印在美元钞票上的头像，除五位是总统外，还有两位不是总统：一位是美国政治家、发明家本杰明·富兰克林，另一位就是美国首任财政部长亚历山大·汉密尔顿。2015 年当美国财政部提出要在 2020 年版 10 元美钞上用妇女领袖代替汉密尔顿时，遭到了多数美国人的强烈反对。最后，美国财政部决定替换了 20 元美钞上的美国第七任总统杰克逊。

　　1755 年，汉密尔顿出生于维京群岛，他 7 岁丧父，13 岁丧母。10 岁到码头打工谋生，17 岁只身跑到纽约国王学院学习，18 岁的汉密尔顿投笔从戎加入了北美民兵，被乔治·华盛顿看中，成为华盛顿的左膀右臂。独立战争结束后，汉密尔顿回到纽约学习法律，以半年时间完成平常人需要 4 年才能完成的学业，随即成为纽约最有名、最赚钱的律师之一。华盛顿就任美国首任总统后，任命汉密尔顿为财政部长，当时他年仅 34 岁。

　　出任财政部长之后，汉密尔顿面对的首要问题是解决国债问题。当时，联邦政府的国债总额已达 7712 万美元。由于国债的原持有人已陆续将国债折价易手，于是有人提出，政府可按债券现价予以偿还，这样就可以免除筹措大量资金的困难。汉密尔顿坚决不同意这种近乎赖债的方法，坚持必须按面值偿债并予以 6％ 的利息。他认为，国债实际上是政府与个人之间签订的契约，政府如不按约偿债，必将使契约权和财产权得不到保障。而且，如不按约偿债，政府再也不能有效举债，必将动摇整个公共信用的基础。

一天，34 岁的汉密尔顿走出位于百老汇大街的乔治·华盛顿总统官邸，恰好撞上 47 岁的国务卿托马斯·杰斐逊。心直口快的汉密尔顿直截了当地对杰斐逊说："国务卿先生，请求您帮帮我吧。您知道，我提交的国债法案，国会四次辩论都未能通过。如果您能够改变主意，凭借您的巨大影响力，下次辩论就有望过关啊。"托马斯·杰斐逊答道："财长先生，我连宪法都反对，何况是您的国债法案呢。不过，您要是乐意的话，明天晚上我们可以一起晚餐，聊聊这事儿，我也打算请麦迪逊先生一起来。"

当时，合众国正式宣告成立还不到一年，各州为争夺永久首都已经吵得不可开交了。如果论经济实力，纽约已经是当时北美最发达、交通最便利的城市，而且是合众国临时的首都。但如果是论政治实力，却是弗吉尼亚州占优。弗吉尼亚州不仅为独立战争做出了最大牺牲和最大贡献，而且有数位声望卓著的建国元勋来自该州，最著名的当然是华盛顿、杰斐逊和詹姆斯·麦迪逊。汉密尔顿知道杰斐逊就是要和他谈这个交易。

果然，第二天晚餐时，杰斐逊和麦迪逊明确提出"交易"条件：如果汉密尔顿愿意说服纽约州支持弗吉尼亚州成为合众国永久首都所在地，他们两人就承诺支持国会通过汉密尔顿的国债法案。汉密尔顿认为时机已经成熟，就毫不犹豫地答应了杰斐逊和麦迪逊提出的条件。几天后，美国国会顺利通过汉密尔顿起草的《公共信用报告》，华盛顿总统立刻签署成为法律。国债市场迅速崛起，成为美国金融货币体系最根本的支柱之一。

1790 年 12 月，汉密尔顿向议会呈交《关于国家银行的报告》，提出了建立美国银行的计划。汉密尔顿在报告中以西欧国家发展银行的实践说明银行的作用，并论述了国家银行的职能和作用。汉密尔顿迫切要求建立国家银行，一是为了建立国家财政上的信用；二是可以发行纸币，以此来保证国家货币的稳定与统一。然而，他的这一主张遭到了政敌的强烈反对，几经谈判，并做出一定妥协后，法案最后在国会获得通过。

银行的建立使国内纸币开始发行流通，促进了商品市场的发展，活跃了经济生活；银行贷款成了工厂企业资本积累的有效手段。国家银行不仅对整个银行系统产生了有益影响，还使政府得到了经济支持，从银行开办至 1795 年，政府从银行共借贷 600 万美元，国家银行对国家财力的增长起了极大的促进作用。汉密尔顿曾自豪地说，甚至那些最顽固地反对银行的人，"只要当一个月财政部长，就会被迫承认它是财政管理上一个绝对不可或缺的发动机，就会很快改变看法相信它的绝对合法性"。

汉密尔顿以其卓越的经济才能，为扭转联邦经济危机做出了重要贡献，也为美国财政金融体系的确立奠定了坚实基础。汉密尔顿为美国构建的货币金融体系有五大支柱：其一，统一的国债市场；其二，中央银行主导的银行体系；其三，统一的铸币体系；其四，以关税和消费税为主体的税收体系；其五，鼓励制造业发展的金融贸易政策。最引人注目的是，汉密尔顿自始至终从整体国家信用角度来设计五大政策和制度安排。他说："一个国家的信用必须是一个完美的整体。各个部分之间必须有着最精巧的配合和协调，就像一棵枝繁叶茂的参天大树一样，一根树枝受到伤害，整棵大树就将衰败、枯萎和腐烂。"

汉密尔顿的五大支柱恰似五根树枝，完美配合和协调，共同支撑起美国金融体系的参天大树，最终成长为主导全球经济的美元霸权体系。国债市场是国家整体信用优劣的最佳指示器；中央银行负责维持银行体系和货币供应量之稳定；统一的铸币体系（后来是美元纸币体系）极大降低了金融贸易之交易成本，促进了金融、贸易、产业迅速发展；税收体系确保财政健全和国债市场之良性循环；制造业则是金融货币的最终基础。汉密尔顿的经济思想和这一系列的制度安排，为美国经济的腾飞提供了坚实的保障。

汉密尔顿的一系列金融改革遭到了总统阿伦·伯尔的强烈反对。伯尔因为私立银行案而惹怒汉密尔顿，而汉密尔顿则在给参议员古维纳·

莫里斯的信中，将伯尔称为一个"只有野心没有原则的人"。两人的积怨越来越深，最终在1804年的一场著名决斗中彻底爆发。当时汉密尔顿答应了决斗，却因信仰基督教而故意将子弹打偏，而对手迅速予以还击，汉密尔顿身受重伤，次日逝世，时年49岁。在整理汉密尔顿的遗作时，人们发现他决斗前一天晚上写的日记。汉密尔顿在日记中写道，自己明天不会开枪。

图为约翰·皮尔庞特·摩根。

1907 年，美国爆发了严重的银行危机，

当时美国还没有中央银行，

摩根在千钧一发之际救了美国金融。

图片来源：达志影像。

能帮上帝融资的人

1931年3月31日，一个美国金融家辞世，全世界的国王、教皇、总统以及银行家、实业家和普通百姓发去雪片般的吊唁函，而纽约证券交易所也为他停止交易一天。在此之后，再没有哪位金融家能享受到如此高规格的礼遇。这个人就是曾经拯救美国银行危机、全球最后一个金融寡头——约翰·皮尔庞特·摩根(J. P.摩根)。

作为美国近代史上最著名的金融巨头，他的名字已经成为一个伟大公司的名字——J. P.摩根，后来它又与大通曼哈顿公司合并，称为J. P.摩根大通公司。J. P.摩根的一生都与风险为伴，他大胆的博命式投资风格轰动一时，他曾帮助过多国政府销售国债。在半退休时，他以个人之力拯救了美国的银行危机。在投行界有一句话："如果上帝要融资，也会去找摩根士丹利。"这是摩根奠定的基础，也是华尔街成功的基础。

J. P.摩根出生在一个富有家庭，他的父亲 J. S.摩根从事证券买卖业务。受家庭的熏陶和父亲的培养，J. P.摩根从小就有很强烈的投资意识。当他 20 岁刚大学毕业时，遇到一位巴西货船船长想半价卖掉一船咖啡，因为收货人破产不要货了。摩根认为这位船长是个可信的人，在父亲的帮助下，他买下了几船的咖啡。在他买下这批咖啡不久，巴西便出现了严寒天气，咖啡价格一下子猛涨了两到三倍。摩根由此赚了一大笔钱。

美国南北战争期间，在一次和朋友的闲聊中，摩根得知，北方军队伤亡惨重，他顿时联想到，战事不好定会引起金价上涨。于是同一个叫皮鲍的先生协商，通过他的公司和摩根商行共同付款的方式，秘密购买四五百万美元的黄金；然后，将买到的黄金一半汇到伦敦交给皮鲍，剩下一半留着等待黄金价格暴涨时再抛售。正如他们所料，秘密抢购黄金的事因汇兑大宗款项走漏了风声，"黄金非涨价不可"的舆论四处流行。摩根觉得火候已到，迅速抛售了手中所持有的黄金，又从黄金交易中大赚了一笔。

19 世纪后半期，铁路的发展速度很快，但重复建设，各个铁路之间难以衔接，造成了大量人力、物力、财力的浪费。摩根决心对铁路行业进行一次大的整合。他说服了铁路巨头搁置恶性竞争、化解纠纷。又趁经济萧条时期铁路公司大量倒闭之机，对几大铁路运营商进行重新规划。通过一系列巧妙的安排，摩根迅速实现了对大量铁路企业的控制，又未引起非议。这项一举两得的"创新"，广为后人沿用。到 1900 年，在摩根直接间接控制之下的铁路长达 10.8 万公里，差不多占当时全美铁路的 2/3。

虽然摩根在铁路业上成功了，但他并不满足于此，很快就把目光投向了新的目标——钢铁业。为此，他创办了联邦钢铁公司，几经拼搏之后，联邦钢铁在企业界奠定了自己的地位。这时，在美国钢铁企业的排行榜中，坐第一把交椅的仍是钢铁大王卡内基，摩根排在第二，第三是洛克菲勒。当摩根急欲全面控制钢铁业时，更觉得横在路中的卡内基是个讨厌的庞然大物。但摩根知道此事不能性急，想要吃掉卡内基必须等待机会出现。

1899 年，摩根得到了一条消息：卡内基似乎想把自己与钢铁及焦炭有关的全部制铁企业股票卖给莫尔兄弟。而莫尔根本没有那么大的财力购买。之后，摩根又得知卡内基想把股票卖给洛克菲勒。经过了几番周折之后，凭借自己的实力，摩根终于等来了机会。在经过了几次交谈之后，卡内基决定把自己的股票以时价 1.5 倍的价格卖给摩根。这次交易"以 5 亿美元以上达成协议"。1901 年 4 月 1 日，正好是愚人节那天，合并后的美国钢铁公司正式宣告成立。此后摩根相继吞并了 700 多家钢铁企业，产量占全美的一半以上。

1929 年起，摩根财团拥有的总资本已经达到 740 亿美元，相当于当时全美所有企业资产的 1/4。

南北战争时期，美国联邦政府为了稳定开始恶化的经济和进一步购买武器，必须发行 4 亿美元的国债。当其他金融机构都认为国债销售困难时，摩根毅然承担了帮助政府消化其中 2 亿美元国债的任务。一开始他并未急于推销，他首先向美国的报界、新闻界施加影响。他在美国广泛宣讲爱国主义，还带头为前线募捐，亲自走街串巷大声高呼，同时辅以新闻界的宣传造势。美国人民被动员了起来，很快，2.6 亿美元的国债在美国本土奇迹般地被消化了。当国债销售一空时，摩根也理所当然地从美国政府手中拿到了一大笔酬金。

1871 年，经过了普法战争和巴黎公社革命的法国政局一片混乱。成立于法国西部加伦河畔的波尔多临时政府的首脑梯也尔给摩根的父亲 J.S. 摩根拍发了紧急电报，希望这个家族帮忙包销法国国债，金额为 2.5 亿法郎。这在当时是个相当大的数字。摩根决定承购这笔法国国债，将一半的国债在美国消化掉。最终，他们成立辛迪加联合体，也就是把华尔街上大规模的投资金融公司集合起来，成立一个国债承购组织，共同承购国债。

再后来，摩根还帮助墨西哥、阿根廷和大英帝国承销国债。到了 20 世纪初，可以毫不夸张地说，摩根财团已经成了世界的债主。

1907 年，美国爆发了严重的银行危机。当时美国还没有中央银行，作为最有实力的私人银行家，摩根义无反顾地扮演了救助美国经济的角色。他把美国所有的大银行家都召集到他家的私人图书馆里，要他们同意借款救助危机。他对大家说："达不成协议，就甭想开门。"然后，他抽身进入旁边一个房间。当夜，银行家们向他提了许多建议，他都一一拒绝。凌晨时分，他在一张纸上写下了银行家们必须保证拿出的借款数字，并且掏出一支笔，只说了一句话："在这儿签字，这是笔。"摩根在千钧一发之际救了美国金融。

图为米尔顿·弗里德曼肖像。

2006 年，94 岁高龄的弗里德曼与世长辞。

美国总统布什对这位伟大的经济学家的评价是：

美国失去了一位最伟大的公民。

图片来源：达志影像。

弗里德曼与他的休克疗法

　　米尔顿·弗里德曼是芝加哥经济学派的代表人物，他以研究宏观经济学、微观经济学、经济史、统计学及主张自由放任资本主义而闻名，并于 1976 年获得了诺贝尔经济学奖。他坚持认为，货币供应量的变动是经济活动和物价水平发生变动的根本的、起支配作用的原因，被誉为货币学派的创始人。他主张将政府的角色最小化以让自由市场运作，以此维持政治和社会的自由。他反对政府过多地干预经济。

　　弗里德曼出生于纽约一个犹太裔的工人家庭。他 16 岁前完成高中学业，凭奖学金入读罗格斯大学。原打算成为精算师的弗里德曼最初修读数学，但成绩平平。1932 年取得文学学士，翌年他到芝加哥大学修读硕士。1933 年，芝加哥大学硕士毕业后，他曾为罗斯福新政工作以求糊口。1941～1943 年，他出任美国财政部顾问。1946 年他获哥伦比亚大学博士学位，随后回到芝加哥大学教授经济理论，其间还为国家经济研究局研究货币在商业周期中承担的角色。这是他学术上的重大分水岭。

　　在此之前，他称自己是一个彻底的凯恩斯主义者，但是随着时间推移，弗里德曼对于经济政策的看法也逐渐转变。他在芝加哥大学成立货币及银行研究小组，并于 1962 年出版了《美国货币史》一书。他在书中挑战凯恩斯学派的观点，抨击他们忽略货币供应、金融政策对经济周期及通胀的重要性。此后，他一直在芝加哥大学担任经济学教授，直至 1976 年退休。这 30 年里，他将芝加哥大学经济系塑造成严密而完整的经济学派，被称为芝加哥经济学派。在他的指导下，多名芝加哥经济学派的成员获得诺贝尔经济学奖。

作为一名经济学家和大学教授，弗里德曼不仅提出了自由经济的主张，同时还在南美的智利进行了实践。这一点是十分难能可贵的。20 世纪 30 年代的世界性经济危机也波及了南美，各国的经济都受到了很大影响。南美国家为求得国家富强，纷纷奉行国家积极干预经济的政策。国家用强力集中资源，在经济的关键部门和私人企业无力经营的部门直接投资，开办国有企业，建立起政府主导型的经济体制。通过国营企业和金融部门，政府对经济生活进行直接干预。市场由国家所控制，价格、利率、汇率等都由国家严格规定。

进入 70 年代以后，智利的经济形势依然严峻，而左翼总统阿连德的政策是继续加强统制经济，国家更加严格地控制经济。1973 年 9 月，陆军总司令皮诺切特突然发动了政变，推翻了民选总统阿连德，夺取了政权。智利开始了军事独裁政治。政变发生时，一批在美国芝加哥大学学习过的年轻人就为国家制订了经济重建计划。当他们把 189 页的重建计

　　　　　/ 癫狂与理智：你不得不知的世界金融史

划提交给军政府时，皮诺切特并没有马上采纳他们的政策建议。

从 1956 年起，一批批智利留学生源源不断地到芝加哥大学深造。每年，芝加哥大学经济系都会有 40～50 名来自拉美的留学生，占其研究生总数的 1/3，而在哈佛或麻省理工，拉美留学生一般只有四五人而已。智利经济在芝加哥大学经济系成了一个热门话题，人们在教室里、饭桌上，热烈地讨论左翼经济学家的政策到底错在哪里。他们学成回国之后，逐步成为影响智利经济政策的重要力量。

在军政府的统治下，智利的经济形势没有丝毫的好转，通货膨胀进一步加剧。到了 1975 年，皮诺切特终于认识到，不能再靠他手下的那些军官来管理国家了。这一年，皮诺切特决定邀请弗里德曼访问智利，请他为智利经济"开药方"。弗里德曼的这次重要访问持续了 6 天，在和皮诺切特面对面的交谈中，弗里德曼明确表示，智利应该实行自由市场经济。这次访问虽然让弗里德曼背上了支持独裁政府的骂名，但他的建议却深深影响了智利。

皮诺切特最终决心接受弗里德曼的建议，在智利实行自由市场经济制度。智利政府首先宣布，将"不惜一切代价"制止通货膨胀。按照货币主义的观点，这就意味着政府要坚决减少货币发行量，不再通过发行过多的货币来得到收入。这是政府限制自身权力的重大措施。随后，政府开支被削减 27%，过去滥发的货币，干脆烧掉了事，成捆的比索被投入火中。国家退出银行体系，不再直接管制金融，允许利率按市场价格自由浮动，废除价格管制，取消对外国投资的限制。同时，国有企业被大量拍卖给私人，甚至还归还了在阿连德执政期间及以前被征用的许多私人财产。

皮诺切特的自由市场经济改革可谓大刀阔斧。就对社会的冲击力来说，这次改革完全是"休克"式的，因此，这次改革也被称为"休克疗法"。改革初期，智利国民生产总值暴跌13％，工业产量下降了28％，购买力跌到1970年水平的40％，许多国内企业破产，失业率急剧上升。但到了1978年，终于触底反弹，经济开始恢复，速度逐渐加快。1978～1981年，经济总共增长了32％，到了20世纪80年代中期，智利经济开始腾飞，年均增速超过6％，人均GDP超过7000美元。智利成为拉美最富裕的国家。

为推行他的改革计划，皮诺切特用铁腕对付反对自由市场改革的人。他残酷地清除了智利的社会民主阵营。成千上万的人死在他的手下，皮诺切特去世前承认他对这些暴行负有政治责任，但他私下认为这种做法完全是正当的。当时，反对自由市场改革的舆论非常强烈，"休克"改革引起了巨大的社会不满，如果没有他的强力镇压，自由市场改革必然半途而废，不可能坚持到底。在独裁统治了智利17年以后，皮诺切特于1990年接受了选举失败的结果，还政于民，智利再一次得到了民主，而在此以前，智利已经拥有了自由。

弗里德曼倡导的自由市场经济以及他所提出的"休克疗法"在南美

／癫狂与理智：你不得不知的世界金融史

智利获得了成功。弗里德曼在谈到他为何与智利独裁政权合作时指出一点：政治专制不可能长期存在于自由市场体制中。弗里德曼相信，只要实现自由市场制度，并长期坚持，政治专制的基础就会逐渐动摇，经济权利的分散迟早要带来政治权力的分化和多元。自由的经济制度才是自由的政治制度的基础和最好保障。相反，如果没有自由的经济制度，即使政府是民选的，也极有可能利用民意来压制经济自由，并将经济利益补贴给执政者自己及其同盟者。

2006 年，94 岁高龄的弗里德曼与世长辞。时任美国总统布什对这位伟大的经济学家的评价是：美国失去了一位最伟大的公民。他的工作证明了自由市场是经济发展的最重要引擎，他的著作为当今世界各国央行的政策奠定了重要的理论基础，有效帮助央行维持经济稳定，也改善了全世界人民的生活。弗里德曼理论的对手——著名经济学家萨缪尔森对他的评价是：米尔顿·弗里德曼是一个巨人，在推动美国经济自 1940 年顺利发展至今的过程中所起的作用方面，20 世纪的经济学家中还没有谁可以与他相提并论。

图为乔治·索罗斯。

"我认为我不是一名商人，

我投资别人经营的商业，

因此我是一位名副其实的评论家，

在某种程度上你们可称我是世界上薪水最高的评论家。"

图片来源：达志影像。

击败英国央行的人

　　拥有 300 多年历史的英格兰银行，被誉为全世界最古老的中央银行，而英镑曾被认为是世界上最坚挺的货币。但即使是这样，在 1992 年，英格兰银行也曾被一人击溃，而英镑也出现了几百年来罕见的危机。这个能够击败英格兰银行的人，就是当时还名不见经传的索罗斯。此后，英格兰银行与英镑日益衰落，一蹶不振，并最终退出了欧洲货币一体化进程；而索罗斯则由此名声大噪，成为令全球很多地方的金融监管者胆战心惊的金融大鳄。

　　1992 年，欧盟各国签署了《马斯特里赫特条约》，进一步强化当时已经存在的"欧洲汇率机制"，要求条约各国实现资本的自由流通，推进统一欧洲市场的建立。但是，条约无法改变欧盟各国经济发展不均衡的现状，各国的货币政策也难以统一和协调。由于英国和意大利经济日益衰落，英镑和意大利里拉被明显高估。而刚刚统一的德国经济蒸蒸日上，其德国马克显然被条约低估了。当时德国在东西德统一后，财政上出现了巨额赤字，德国政府担心由此引发通货膨胀，因而采取高利率政策。

而英国经济正处于衰退时期，不可能维持高利率的政策，要想刺激本国经济发展，唯一可行的方法就是降低利率。这进一步加剧了英镑和德国马克之间汇率的不平衡。

当时已经 62 岁打算退休的索罗斯，敏锐地发现了这里边的机会，于是他决心大干一场。

乔治·索罗斯出生于 1930 年，是一个匈牙利犹太人的儿子。二战期间，索罗斯一家凭借假的"非犹太人"身份证躲过了纳粹的屠杀，全家一起迎来了苏联红军的解放。19 岁时，索罗斯来到了著名的伦敦经济学院攻读经济学，师从诺贝尔经济学奖获得者詹姆斯·爱德华·米德。有一段时间，索罗斯对哲学非常感兴趣，并赢得了著名哲学家卡尔·波普的赏识。在大学的最后一年，索罗斯几乎完全专注于波普的"开放社会"理论，撰写了不少自己的哲学论文，雄心勃勃地要做一个伟大的哲学家。后来，索罗斯到了一家伦敦银行担任经纪人，开始涉足金融领域。之后，他与好友罗杰斯一起创立了"双鹰基金"，并在 1979 年将公司正式更名为"量子基金"。

索罗斯的投资风格有两个特点。一是非常善于"做空"。包括巴菲特在内的多数投资者都习惯于做多，挣牛市的钱。而索罗斯等做空者习惯于挣熊市的钱，因此，索罗斯也往往被认为是金融市场动荡的制造者。20 世纪 70 年代，全球股市大多低迷，索罗斯逆市狂赚，十年里回报率超过 40 倍。二是喜欢"大赌"。一般人认为不应该把鸡蛋放在一个篮子

　　　　　/ 癫狂与理智：你不得不知的世界金融史

里，要进行分散投资。但是索罗斯不同，他喜欢大手笔押注。索罗斯在这场与英格兰银行的货币战争开始之前，他旗下的基金经理投放了20亿美金做空英镑。索罗斯听取了他的汇报后说了一句话，这句话也成了华尔街的名言——"如果你相信自己是正确的，为什么只投入这么少"。这样索罗斯又继续追加了五倍的做空资金，这也成为他有生以来押下的最大赌注。

1992年9月16日，被英国人称为"黑色星期三"，也是拥有300多年历史的英格兰银行耻辱的一天。1992年9月，投机者开始进攻欧洲汇率体系中那些疲软的货币，其中包括英镑、意大利里拉等。到了1992年9月15日，在前期充分准备"弹药"的基础上，索罗斯开始大举放空英镑，英镑对马克的比价开始了一路狂跌，一向沉稳的英格兰银行也因此乱了阵脚。到了16日清晨，英格兰银行无奈宣布提高银行利率2个百分点，几小时后又宣布提高3个百分点，将当时的基准利率由10％提高到15％，同时大量购进英镑，希望可以吸引国外短期资本的流入，以增加对英镑的需求，稳定英镑的汇率。然而，就在英格兰银行布局的同时，索罗斯早已开始对英镑的空袭，抛出英镑，大量买进德国马克，继续"兴风作浪"。

在这场与索罗斯的货币战役中，英格兰银行动用了价值269亿美元的外汇储备，但还是不敌索罗斯的量子基金，最终不得不宣告退出欧洲汇率体系，成为世界金融历史上首个被个人击败的大国中央银行。英国人把 1992 年 9 月 16 日——英国被迫退出欧洲汇率体系的日子称作"黑色星期三"。索罗斯成为这场袭击英镑战役中的最大赢家，在一夜之间狂赚了 10 亿美金，并被《经济学家》杂志称为打垮了英格兰银行的人。索罗斯所掌管的量子基金，也成为世界上最著名的对冲基金。由于对冲基金采取杠杆操作方式，规模可放大数倍甚至到 10 倍，拥有足以操纵一个中小国家金融货币的力量。

此后，索罗斯又成功导演了亚洲金融危机，击败了泰国、韩国等国家的中央银行，而索罗斯的一言一行也开始影响全球金融市场的走势，成为人们研究的对象。索罗斯认为，驱动有效市场的不是理性的投资者，而是易错性和反射性这两大同时存在的力量。具体来说，市场可以影响投资者期待的事件。不能把市场情绪和经济基本面分隔来看，因为市场情绪其实能形成和改变经济基本面。投资者的看法影响事件，事件反过来影响投资者的看法。索罗斯曾经这样评价自己："我认为我不是一名商人，我投资别人经营的商业，因此我是一位名副其实的评论家，在某种程度上你们可称我是世界上薪水最高的评论家。"他的一句话或许就会造成几十亿甚至几百亿美元的盈亏。

INSANITY AND RATIONALITY

THE WORLD FINANCIAL
HISTORY
YOU SHOULD KNOW

图为查尔斯·庞兹。

自庞兹以后的一百多年时间里，

各种各样的"庞氏骗局"层出不穷。

这些骗局虽然五花八门，千变万化，花样翻新，

但本质上都是一种投资欺诈。

图片来源：达志影像。

与哥伦布齐名的金融骗子

金融被有些人认为是"钱生钱"的游戏，也被一些人认为是最容易一夜暴富的行业。在20世纪初的美国，就有人把这种游戏玩到了极致，他也因此实现了一夜暴富的梦想，这个人是查尔斯·庞兹。他当时曾承诺投资90天可获得40％的回报，一些人甚至把庞兹与发现新大陆的哥伦布和发明无线电的马可尼并列，称其为"三个最伟大的意大利人"之一。在此之后，人们把这种金字塔骗局称为"庞氏骗局"，庞兹由此真的成了金融界的名人，但并不是伟人。

查尔斯·庞兹1882年出生于意大利。1903年，21岁的庞兹踏上了美国的领土。虽然他当时并不富有，但是他很会包装自己。他在自传中形容自己虽然个子矮小，但身穿欧洲最流行的高档衣服，看上去衣冠楚楚，在众多移民中一眼就可以看出，他绝不是一个体力劳动者，而更像一个百万富翁，或者年轻的富二代，或者正在度假的悠闲绅士。事实上，他从遥远的意大利漂洋过海来到这个陌生的地方，出发时所带的200美元已经消耗在船上的牌桌和酒吧里了，身上只剩下2.5美元。

庞兹刚到美国时，干过各种工作，包括油漆工、杂货店员工、保险推销员等。他曾在一家餐馆洗碗端盘，因为偷窃和私吞零钱被开除。1907年，庞兹在加拿大的蒙特利尔成为银行雇员，他在那里中饱私囊，因伪造支票而吃上官司，被判处三年监禁。但据他自己说，他从头到尾都是被一个老同学算计，因为他们同时爱上老板的女儿，所以对方陷害他。经过美国式发财梦十几年的熏陶，庞兹发现最快速赚钱的方法就是金融。于是，从1919年起，庞兹隐瞒自己的历史来到波士顿，设计了一个投资计划，向美国大众兜售。

庞兹设计的投资计划说起来十分简单，就是投资一种东西，然后获得高额回报。但是，庞兹故意把这个投资计划弄得非常复杂，让普通人根本看不懂、搞不清楚。当时第一次世界大战刚刚结束，世界经济体系一片混乱，庞兹便利用了这种混乱。他宣称，购买欧洲的某种邮政票据，再卖给美国，便可以赚钱。由于国家之间的政策、汇率等因素，这其中的很多经济行为，普通人一般确实不容易搞懂。庞兹宣称，所有的投资在90天之内都可以获得40％的回报。

最初，只有少数胆大的波士顿人敢把钱交给庞兹，他们领了票据，果然在期满时领到承诺收入——当然，这些钱都是庞兹贴给他们的。此后一批又一批的投资者慕名而来，庞兹的店前挤满了投资者。由于在整个"投资"的过程中根本没有一张回信券出现，所以先投资的人获得的所谓的"收益"都来自其他投资者的投资。而庞兹的公司也就靠着这样一种"老鼠会"的形式逐步扩大。就这样，没过几个月，庞兹就获得了超过 300 万美元投资。他名声大震，被誉为"金融巨鳄"，仿佛成了一个能点石成金的人。

在一年左右的时间里，有 4 万名波士顿市民成为庞兹赚钱计划的投资者，而且大部分是怀抱发财梦想的穷人，庞兹共收到约 1500 万美元的投资。当时一些不明真相的美国人甚至认为，庞兹与哥伦布一样伟大，因为他像哥伦布发现新大陆一样"发现了钱生钱的机密"。庞兹也因此实现了他一夜暴富的梦想，搬进了拥有 20 个房间的豪华别墅，买了 100 多套昂贵的西装套装，并配上专门定制的皮鞋，拥有数十根镶金的拐杖，还给他的妻子购买了无数昂贵的首饰，连他的烟斗也都镶嵌着钻石。对此有些人也开始对庞兹心生怀疑，当某个金融专家揭露庞兹的投资骗术时，庞兹还反驳说金融专家什么都不懂。

为隐瞒事实真相，庞兹花 300 万美元收购了一家银行，同时把所有骗来的资金存入这家银行。就在庞兹一帆风顺之时，有一场出乎意外的官司找上门来了。丹尼尔，那个最初借给庞兹钱的人，说庞兹在回信券交易中欠了他 150 万美元，从未有过兑现。通过媒体的报道，人们开始对庞兹的投资计划产生怀疑。波士顿政府方面也开始介入调查。庞兹十分优雅地交出了账本并镇定地承诺，在接受审查期间他将停止接收投资，但会继续兑付到期利息。

而此时，庞兹开始了另一场阴谋，他向银行股东提出一项购买方案——花费 1000 万美元向政府购买一艘退役商船。庞兹打算把他所得的投资"转移"到这项新业务中，让投资者将他们的利润兑换成此业务的股份，以达到洗钱的目的。只要这个计划获得成功，庞兹的骗术就会被隐瞒并合法化。但股东们也已经明白庞兹的用心，他这样做是要把损失转嫁到银行。因此，他们当即予以否决。1920 年 8 月，庞兹被法院宣布破产，他也被判五年监禁。

三年半后，庞兹被释放，继续行骗。1926 年，他再次东窗事发，在被关押七年后终被逐出美国。回到意大利之后，庞兹重操旧业。但是庞兹在意大利的行骗所获甚微，他曾想办法去骗墨索里尼，也没能得逞。最后他只得前往巴西为一家航空公司工作。二战时期，庞兹所服务的公司倒闭，他只能沦落到以教英语为生。1949 年，庞兹怀着骗取苏联政府 20 亿美元的"梦想"，在巴西的一个慈善堂去世。死去时，这个"庞氏骗局"的发明者身无分文。

自庞兹以后，近一百年的时间里，各种各样的"庞氏骗局"在世界各地层出不穷。这些骗局虽然五花八门，千变万化，花样翻新，但本质上都是一种投资欺诈。钱生钱的根源在于实体经济的利润。没有实体投资回报的支撑，金融投资收益就成为无源之水，无本之木。庞兹骗局支付给投资者的回报通常不是来自真正的投资或实业产生的利润，而是来自后续投资者投入的钱。骗子主要是通过迅猛增加的投资者来吸收新的投资，以此维持向原有投资者支付回报。当行骗者无力通过继续吸引投资者满足新的投资需求时，崩盘就不可避免。

机

构

篇

图为纽约证券交易所。

1863 年，纽约证券交易所

在现今地址建起了属于自己的一幢大楼，

算是正式落户，

并在同一年开始使用现在的名称且一直沿用至今。

图片来源：作者拍摄。

从梧桐树协议到纽约证券交易所

　　自有证券交易以来，证券市场从来就是一个充满机会和挑战、鱼龙混杂的地方。人们一直都试图通过各种手段维护市场的秩序，梧桐树协议以及后来的纽约证券交易所就是美国金融业进行行业自律的产物。这种行业内的自律使证券交易行为越来越规范，但是仍然无法改变人性贪婪和恐惧的弱点。

　　美国独立之前，虽然已经出现了证券买卖，但是由于战争等因素，证券交易并不活跃，美洲还没有证券交易所。1776 年，美利坚合众国建国，乔治·华盛顿担任第一届总统，而当时的财政部长是亚历山大·汉密尔顿。由于独立战争刚刚结束，汉密尔顿决定发行国债以解决国家财政赤字问题，首批发行了面值为 8000 万美元的国债。1791 年，在汉密尔顿的倡导下，美国成立了建国后的第一家银行——美国银行，并发行了第一只股票。

　　随着更多的国债发行和股份公司的建立，债券和股票的品种和花样也越来越丰富，于是在证券市场上逐渐出现了这样一群人，他们专门为买卖股票和债券的人服务，充当他们的中介，靠收取一定的手续费来赚钱，这就是最早期的经纪人。随着经纪人的业务逐渐增加，他们需要一个固定的地点办公，来完成这些股票和债券的交易。由于当时还没有形成固定的交易场所，所以经纪人们大多聚集在华尔街的街头或咖啡厅进行交流、买卖股票和债券，也有些人会在报纸上刊登广告表示自己对某些股票或债券感兴趣。

随着经纪人队伍的不断发展壮大，在他们中间逐渐出现了一批比较成功的经纪人。在 1792 年，约翰·萨顿和他的同伴本杰明·本及其他经纪人决定在华尔街建立一个拍卖中心，集中进行股票的买卖交易，这个拍卖中心就是纽约证券交易所的前身——纽约股票交易委员会。如果有顾客想把股票卖掉，它可以先把股票存放在拍卖中心，由专门的经纪人来保管。等到有另外的人想买这只股票的时候，经纪人再把顾客存放的股票卖出去，当然，经纪人在中间要收取一定的费用，也就是佣金。

但是好景不长，不久这个体系就被打破了。因为当时有相当一部分经纪人仍然在拍卖中心外面交易，于是场外交易的经纪人会偷听场内经纪人的报价，以获取关于价格的最新信息，然后在场外以更低的价格卖掉，还可以收取比场内交易更优惠的手续费。在拍卖中心交易的场内经纪人很快就察觉到了这种现象，为了防止这种不公平的情况发生，场内经纪人发起了一项协议，这就是著名的梧桐树协议。

由于这个协议是在纽约华尔街 68 号的一棵梧桐树下签署的，所以被称为梧桐树协议。梧桐树协议非常简单，整个协议只规定三个交易守则：第一，只与在梧桐树协议上签字的经纪人进行有价证券的交易；第二，收取不少于交易额0.25％的手续费；第三，在交易中互惠互利。于是，24位在协议上签了字的经纪人组成了一个独立的、享有交易特权的有价证券交易联盟。这就是后来纽约证券交易所的雏形，1792年5月17日这一天因此成了纽约证券交易所的诞生日。

该协议实质上是经纪人之间的价格同盟，也是所有市场开拓者们梦寐以求的目标：设置壁垒，将自己和其他人隔离开来，以便实现市场垄断。协议的互助性也决定了会员资格是非开放的。会员既是拍卖中心的出资者、控制者，也是设施的使用者，同时还是交易费用的制定者。一纸协议引起了经纪人对取得会员资格的条件和程序、席位管理、有关证券清算交割的内部监管、风险控制的制度性思考。

1793年，在华尔街和威廉街的西北角建成了"唐塔咖啡厅"，距离签约的梧桐树30米左右，股票交易由梧桐树下转到了室内。唐塔咖啡厅恰巧位于华尔街的联邦大厅和三一教堂的中间，从更深层面上来看，它将宗教与政治联系了起来。唐塔咖啡厅借鉴了英国乔治王时代的建筑风格，由一家旅馆和一间咖啡厅两部分组成。投资者在旅馆里设立了办公室，置办了简单的办公设备，完成交易后，累了就在咖啡厅里休闲娱乐。在起初交易活动不是很频繁的时候，投资者甚至悠闲得整天打赌来消磨时间。

唐塔咖啡厅是由意大利唐塔投资公司出资修建的，它也是后来华尔街高楼大厦的雏形。这间咖啡厅起初面积很小，后来就移迁到了现在的华尔街 40 号，场所变得愈加宽敞了。到了 1817 年，华尔街上的股票交易已十分活跃，咖啡厅和拍卖行有限的空间不能满足日常的交易活动。1817 年 3 月 8 日，签订梧桐树协议的原始会员们租了一套房子，自发成立了"纽约证券和交易管理处"，创建了正式的章程——《纽约证券和交易管理处协议》，至此，一个集中的证券交易市场基本成型。

　　1863 年，纽约证券交易所在现今地址建起了属于自己的一幢大楼，算是正式落户，并在同一年开始使用现在的名称且一直沿用至今。而纽交所如今仍在使用的大楼是在 1903 年修建完成的。这座当时耗资 200 万美元的新古典主义建筑，是由詹姆斯·伦伟科设计的。大厦的主要部分是交易市场，17 间马蹄形的经纪人房间一间挨着一间，每只股票固定在某个经纪人房间买卖。自纽交所建立之后，在这里不知发生了多少人间悲喜剧，多少人在一夜暴富的神话中成为百万富翁，多少人在股市跳水时跳楼自杀。人性的贪婪和恐惧在这里演绎得淋漓尽致。

　　19 世纪二三十年代，伊利大运河的修建是促进证券市场发展的一个最有影响力的经济活动，当时，纽约证券交易所为此项目发行价值 80 多万美元的证券。1860～1875 年，美国的内战和工业革命又从多方面革新了纽约证券交易所。以前在此上市的股票只有在每天的某一特定时间方能进行交易。到了 1867 年，第一个证券报价机在这里正式启用，当年纽

　　　　　／癫狂与理智：你不得不知的世界金融史

约证券交易所只有 15 家上市的工业公司，而到 1992 年，这一数字已剧增至 1850 家。

目前纽约证券交易所已经发展成为全球最大、最著名的证券交易所。交易所设有 3 个股票交易厅和 1 个债券交易厅，分设 16 个交易亭，每个交易亭有 16～20 个交易柜台。交易所每周工作 5 天，每天营业 5 小时。目前交易所拥有会员 1300 多个，挂牌上市公司约 2800 家，总市值 7 万亿美元，日均交易数亿股，交易金额达到数百亿美元。2006 年 6 月 1 日，纽约证券交易所宣布与泛欧股票交易所合并。2015 年上半年，有 42 家企业在纽约证券交易所上市，IPO 融资总额达 120 亿美元，纽约证券交易所依然是全球交易量最大的证券交易所。

图为芝加哥期货交易所。

经过 160 多年的发展，

芝加哥期货交易所已成为

全球最具代表性的农产品交易所，

而芝加哥也成为全球最重要的期货交易地。

图片来源：作者拍摄。

丰收女神克瑞斯的微笑

在希腊神话中，克瑞斯是掌管大地和丰收的女神，她如果高兴，就可以让大地生机勃勃、五谷丰登；她要是生气，可以使万物凋谢，田野荒芜。传说，克瑞斯有个美丽的女儿，在花园中游玩时被冥王抢走。克瑞斯因找不到女儿非常生气，结果世间庄稼枯萎、寸草不生。天神宙斯看不下去，只好告诉了她女儿的下落，但是由于她女儿被施了魔法已无法回到人间。绝望的克瑞斯从此不理世事，地上的植物顿时不再生长，到处是饥饿的难民。为了芸芸众生，宙斯最后只得答应克瑞斯一年中有三个月可以下到冥界陪伴女儿。自此以后，克瑞斯离开凡间的这三个月大地就不再产出，这也就是冬季的来历。

美国西北部五大湖以南的平原地区，地势平坦、土地肥沃、雨水充沛，非常适合粮食作物生长。这里盛产玉米、大豆、小麦，被誉为"北美的粮仓"。19世纪初期，这里的农民还只能看克瑞斯的脸色靠天吃饭。每当谷物收获时，当地农民便车载船装，把粮食运到芝加哥去售卖。由于短时期大量上市，供过于求，此时的价格往往会剧烈下跌。而到第二年春天，谷物匮乏，青黄不接，粮食通常又十分昂贵。虽然克瑞斯高兴，粮食丰收了，却卖不了好的价钱。而一旦克瑞斯不高兴了，遇上粮食歉收，农民们则需要花高价从市场上再买回生活必需的粮食。如果能够提前把粮食价格锁定，那该是一件多么好的事情。

当时的芝加哥还只是密歇根湖畔的一个小镇。农作物收获季节，大批的农场主和商人便聚集于此，进行粮食作物的买卖。在供求矛盾的反复刺激下，一些商人开始在交通要道旁设立仓库，收获季节从农场主手中收购粮食，来年再发往外地，这样就缓解了粮食供求的季节性矛盾。但是，粮食商也由此承担了很大风险。一旦收购价高于出售价，就会亏本。为此，一些商人开始在购入粮食后就立即与芝加哥的粮食商签订第二年春季的供货合同，事先确定销售价格。这样，无论几个月后价格涨落，运销商都不会有所损失。

随着谷物远期交易的不断发展，1848 年 3 月 13 日，82 位富有开拓精神的商人发起并成功地组建了美国第一家中心交易场所——芝加哥期货交易所(又称芝加哥谷物交易所，简称 CBOT)。CBOT 的成立使农场主、粮食加工者和谷物推销商有了一个集中的场所，在那里人们可以获得对自己更为有利的价格信息，并使价格更为公开。据记载，最早的一份玉米远期合约是在 1851 年 3 月 13 日签订的，该合约的交易量为 3000 蒲式耳，交货期为 6 月，交易价格为每蒲式耳低于 3 月 13 日当地玉米市价 1 美分。

芝加哥期货交易所刚刚成立时，采用远期合约交易方式，但这种交易方式是双方根据个别需要签订合同，对商品的质量和交货期没有统一的标准。买卖双方在签订远期合约到交货这段时间里，若价格稳定则双方履约，然而价格变动又是常见的。于是，谷物涨价了，买方得利，卖方吃亏不想履约；如果谷物价格跌了，卖方得利，买方不想履约。因而合约兑现率差，商务纠纷时常出现。为了使交易正规化，CBOT 于 1865 年推出了一个标准化协议，称为期货合约。

期货合约与远期合约不同，它在交易商品的数量、质量、交货时间和交货地点等方面作了统一的规定。这样，买卖双方在价格变动时就不用担心吃亏了。远期现货的卖主可以同时买进相同数量的期货合约。如果交割时货物涨价，他可以用卖出那张期货合约的得利来补偿；买主也可以同时卖出相当数量的期货合约。如果交割时货物跌价，可以用对冲那张卖出合约时的得利来补偿。但一般来说，一个期货市场如果只有供应商和实际需要的用户，就会是死水一潭。必须有愿意承担风险的投机商介入，市场作用才能发挥出来。同时，为了保证履约，交易所又建立了保证金制度。至此，现代意义的期货交易初步形成。

此后，芝加哥交易所的交易规则不断完善，期货交易的品种日益增多。1865 年，芝加哥期货交易所的组织机构和交易规则基本形成，其谷物质量标准、重量单位、检验制度、交货月份等沿用至今。同时，投机交易商开始介入期货市场，推动了期货交易的进一步发展。为了更好地进行交易，出现了专为买卖双方代理交易业务的经纪公司，同时专门的清算公司也随之产生。1982 年，在这里诞生了第一个期货期权品种——美国国债期货；1994 年，推出了电子交易系统；1998 年推出金融合约的并行交易系统；2005 年，芝加哥期货交易所改制成为一家上市公司。

自从有了商品期货交易，人们再也不用担心粮食价格的涨跌，可以尽情地享受丰收后的喜悦。经过 160 多年的发展，芝加哥期货交易所已成为全球最具代表性的农产品交易所，而芝加哥也成为全球最重要的期货交易地、全美仅次于纽约和洛杉矶的第三大都会。目前，芝加哥期货交易所拥有会员 3500 多个，除了提供玉米、大豆等商品期货交易外，还为中长期美国政府债券、股票指数、市政债券指数、黄金和白银等商品提供期货交易市场，并提供农产品、金融及金属的期权交易，其农产品期货合约的交易量占全美国市场的 90％。1930 年芝加哥期货交易所搬进了位于拉萨勒街南端、全城最高的一个 45 层大厦。大厦顶端面带微笑的丰收女神克瑞斯守护着芝加哥城，成为芝加哥城的标志。

INSANITY AND RATIONALITY

THE WORLD FINANCIAL
HISTORY
YOU SHOULD KNOW

图为合盛元票号旧址。

1907 年 6 月 10 日，

合盛元银行神户支店正式对外营业。

山西祁县的合盛元票号成为中国第一家走出去的金融机构。

图片来源：作者拍摄。

最早"走出去"的金融机构

　　中国当今的金融中心是上海、北京和深圳，这里是很多金融机构总部的所在地，可是在 100 多年前的大清时期，中国很多金融机构的总部是在山西。当时全国有 400 多家票号，京、津、沪、汉为全国票号集中的四大中心，但是这里主要是分号，它们的总号多数集中在山西的平遥、祁县和太谷一带。这些山西票号有的甚至走出了国门，把分支机构开设到日本、俄国、朝鲜等国家，成为中国近代最早"走出去"的金融机构。

　　山西祁县的合盛元是第一家在海外开设分支机构的票号。合盛元票号原为茶庄，道光十七年(1837 年) 改为票号。合盛元最初股金为白银 6 万两，总号设在祁县县城内西大街西廉巷。首任经理梁寿昌，先后在北京、天津、奉天(沈阳)、营口、安东(丹东)、西安、开封、上海、安庆、汉口等城市设庄。随着业务的发展，股金发展到 10 万两。19 世纪 80 年代后又发展到 50 万两，公积金 650 万两，加上吸收的存款，周转资金可达 1000 万两。

甲午战争之后，中日两国的贸易迅速增加，中日两国贸易额由 1896 年的 3200 万两增加到了 1906 年的 9400 万两，11 年间进出口额增长了近 2 倍。与此同时，两国之间的人员往来也越来越频繁，清政府派出了很多官吏到日本参观学习，去日本的留学生也快速增多。1906 年，中国留日学生就已经接近 1 万人，仅由此产生的留学费用就近 300 万元。合盛元正是看到了其中的金融需求，所以决定在日本开设分号，成为中国金融发展史上最早在海外设立分支的票号，开创了我国金融机构"走出去"的先河。

　　合盛元票号很早就进入东北，在营口等地开设分号。甲午战争之后，营口分号业务停顿，合盛元派申树楷去重整业务。东北业务企稳之后，申树楷发现合盛元必须"走出去"才能寻求更大的发展，而与中国隔海相望，并且有着相似文化而经济发达的日本是最佳选择。这个想法与合盛元总号的财东、掌柜不谋而合。1906 年冬，申树楷被派往日本开拓业务。几经周折之后，1907 年 6 月 10 日，合盛元银行神户支店正式对外营业。日本官方材料显示，合盛元银行的老板就是山西祁县的合盛元票号，总经理名叫贺洪如，该行专门从事国际汇兑和借贷业务。合盛元不仅是第一家进入日本的中国银行，也是第一家进驻东京的外国银行。自申树楷整顿营口、振兴东北、拓展日朝业务，到辛亥革命前夕十几年间，合盛元票号的分支数量扩大了 3 倍，进入了鼎盛时期。

作为中国第一家"走出去"的金融机构，合盛元在"走出去"的过程中也遇到了法律和文化等诸多方面的问题。虽然当时中日两国关系还算比较和谐，但是开办过程还是颇费了几番周折。当时的日本明治政府允许公司或个人申请开办银行，但申请须经地方政府报中央大藏大臣批准后方可营业，这一规定是合盛元的海外开拓者所没有想到的。因为我国当时票号、银行的开设基本处于放任自流状态，并没有立法予以规制。同时，日本法律规定允许外国的银行在日本设立分支机构，但并未规定像合盛元这样的个人商号是否也可以在日本开设银行。

　　为了引进外资银行，日本政府最终采取了有利于合盛元票号的原则。合盛元按照日本的法律程序，向日本政府递交了营业许可申请书。但是，根据国际惯例，这样的申请书还须有本国的证明。为此，合盛元又请大清驻日本神户的领事出具了证明书。根据当地法律和习惯，合盛元还把在日本的票号改叫银行，分号改为分店。可以想象，当时通信和交通都还很不发达，往返中国和日本也需要不少的时间和精力。好在日本政府并没有故意为难合盛元，最终，开办申请只用了13天就获得了日本政府的核准。合盛元用了半年多时间完成了在日本开办分支机构，应该说还是很顺利的，也说明他们是有准备的。

　　合盛元在日本的初期发展也非常顺利，业务规模和利润迅速增长。从1907年到1909年的三年时间里，东京支店的现金出入额增加了6倍之多，1908年和1909年这两年，甚至超过了香港汇丰银行长崎支店的数额。然而，合盛元在日本的辉煌并没有持续太久，四年之后的 1911 年 7 月 28 日，合盛元在日本的分支机构关闭停业。对于合盛元败走日本的原因，有很多说法。其中一种说法是，受到了国内辛亥革命的影响；另一种说法是，合盛元自身实力不敌对手，业绩下滑，最终不得不关门停业。总之，在当时国内政局动荡，缺少支持的情况下，合盛元难以与西方列强金融机构竞争，最终无法在海外继续发展。

从合盛元"走出去"在海外设立分支机构开始，山西票号在海外的分支数量逐渐增多，开创了中国金融机构走向世界的新纪元。永泰裕票号和宝丰隆票号都曾在印度的加尔各答设过分号。此外，很多票号在俄国、日本、朝鲜都有分号，有些票号早在 19 世纪就开始炒卖外汇，有的总经理还亲自到莫斯科去交易。有资料表明，仅在俄国、朝鲜、日本三国，就有山西票号十余家；而在新加坡、英国伦敦，以及美国纽约、旧金山等地，也曾出现过山西票号的身影，山西祁县、平遥和太谷一带好似今天美国的华尔街。

INSANITY AND
RATIONALITY

THE WORLD FINANCIAL
HISTORY
YOU SHOULD KNOW

图为 19 世纪瑞士日内瓦银行区的相关画作。

为客户保密是全球各国银行默认的规则，

但是瑞士银行业的独特之处在于，

这个国家将这种保密义务明确规定到刑事法律之中。

图片来源：达志影像。

严格保密的瑞士银行

　　如果你有一大笔钱要存银行，你一定会想到瑞士的银行。为储户保密是全世界多数银行的通行法则，但是最值得信赖的还是瑞士的银行。在瑞士，如果银行不替储户保密，那它很可能会受到刑事处罚，而在其他的国家一般没有这样的法律规定。但是，这样的银行保密法律不久之后可能会失效。因为，2014 年 10 月 8 日，瑞士政府宣布，瑞士将就交出外国人在瑞士银行账户的资料这一问题与欧盟及其他国家展开协商。一旦确立国际标准并获得瑞士议会和选民的认可，瑞士最早可于 2018 年开始交出相关资料。

忠诚守信的瑞士人

　　瑞士是地处阿尔卑斯山腹地的一个小国，自然资源匮乏。几百年前的瑞士相当贫困，很多人吃不饱肚子。当时，欧洲战争不断，于是瑞士青年就有了一个出路——当雇佣兵。拿人钱财，替人卖命。生长在大山里的瑞士人体格强壮，吃苦耐劳，诚实可信，像我们中国的山东人。瑞士雇佣兵一旦收了雇主的钱，就会替雇主战斗到底，绝无背叛的可能。在法国大革命期间，为保卫路易十六，600 多名瑞士士兵全军覆没。1527 年 5 月 6 日，哈布斯堡王朝查理五世的军队血洗罗马城，为保卫教皇，147 名瑞士士兵流尽最后一滴血。直到今天，罗马教皇的卫兵依然只用瑞士人。

银行是信用机构，开银行最重要的就是忠诚可靠。瑞士人的忠诚可靠成就了瑞士银行。从 14 世纪开始，日内瓦等地开始出现私人银行家和货币借贷者，他们使瑞士成为世界银行业起步较早的国家。16 世纪，基督教加尔文教派从日内瓦开始兴起，由于受到迫害，大量新教徒陆续从法国和意大利逃到日内瓦。在这些宗教难民中，有许多是腰缠万贯的银行家和精通银行业务的管理人才。他们带来的资金和管理技术使日内瓦的银行业在短期内有了跳跃式的提升和增长，促进了瑞士银行业的发展。

今天，银行业与钟表业一起成为瑞士经济的两大支柱，瑞士也成了名副其实的银行王国。目前瑞士全国有 300 多家银行，在日内瓦和苏黎世，大街上银行随处可见，鳞次栉比。瑞士银行的在岸金融资产总计已超过 1 万亿欧元。瑞士还是全球最大的离岸金融中心，持有全球 30％的离岸货币。在私人财富管理方面，瑞士银行更是独占鳌头，管理着全球 1/4～1/3 的私人财富。瑞士银行产业对国民经济的贡献率是同样属于金融强国的德国、法国和美国的 2 倍。

瑞士的银行保密法

为客户保密是全球各国银行默认的规则，但是瑞士银行业的独特之处在于这个国家将这种保密义务明确规定到刑事法律之中。瑞士的银行保密法可追溯至 19 世纪末。1872 年，巴塞尔城就有类似保密法的法律规定，1915 年，瑞士联合银行在人事管理方面有一条"缄默戒律"，用以保护客户的资料。银行保密法的颁布也与瑞士人的人文地理有联系。瑞士地处欧洲中心，是欧洲交通的枢纽，人员复杂且流动性大，以法律形式明确银行的保密义务有利于吸引更多的资金，而这也完全符合瑞士人忠诚可靠的性格特征。

二战期间，在纳粹政权的逼迫下，几乎所有德国公民都将自己在瑞士银行的存款转入德国银行，"挤兑风暴"横扫瑞士银行。为避免类似事件再次发生，1934 年，瑞士政府颁布了西方银行发展史上首部关于银行保密制度的法律——《银行保密法》，把保密制度上升到刑事层面。《银行保密法》规定：如果银行雇员或相关工作人员泄露银行秘密，将被判处 6 个月的监禁或 5 万瑞士法郎的罚款；若因不慎犯下上述罪行，也将被处以 3 万瑞士法郎的罚款。上述人员不在银行工作之后，若泄露银行秘密，仍会受到处罚。

《银行保密法》带来的麻烦

《银行保密法》给瑞士带来了滚滚财源，但也惹来了很多的麻烦，受到很多国家政府的诟病。二战时期，犹太人在瑞士银行的存款便是一直困扰瑞士银行的问题。在二战时期，不少犹太人在瑞士银行匿名存款，这些人被纳粹屠杀之后，他们在瑞士的银行账户就成了"死账"。这些犹太人的遗孤一直在追索这些资产，但是瑞士银行以保密为由不予偿还。在国际社会的强烈要求下，1996年，瑞士银行家协会和世界犹太人大会最终达成协议，组成专门的委员会来调查无人认领的犹太人存款的问题。1997年，瑞士几大银行拿出1亿瑞士法郎建立了"大屠杀受害者特别基金"。此后，又陆续拿出资金赔偿和安抚犹太人后代。但直到今天国际社会仍然还有人要求瑞士银行偿还这些历史债务。

瑞士银行不仅背负着二战历史遗留问题，而且还不得不面对《银行保密法》招致的现实压力。《银行保密法》对客户资料严格保密，使得瑞士银行成为洗钱和逃税的天堂。不少来历不明的钱源源不断地输往瑞士银行，在暗箱操作之后变成光明正大的钱。很多人为了避税，将自己的收入转存到瑞士，而本国的税务当局则无法查到这些人的账户。世界各国政府一直在要求瑞士开放相关信息资料。迫于国际社会的压力，2014年5月，瑞士最终同意签署关于实施银行间自动交换信息的标准。根据瑞士政府的表示，瑞士最早将在2018年开始交换相关的信息资料。业内人士预测，这种交换也一定是有条件和限制的。瑞士不会轻易放弃其坚守多年的银行保密制度，因为这是其吸引世界资金的优势所在。

INSANITY AND RATIONALITY

THE WORLD FINANCIAL
HISTORY
YOU SHOULD KNOW

图为《魔鬼交易员》剧照。

具有 233 年历史、

在全球范围内掌控 270 多亿英镑资产的巴林银行，

在 1995 年，

竟毁于一个年龄只有 28 岁的毛头小子尼克·里森之手。

图片来源：达志影像。

毁于年轻人的百年巴林银行

　　拥有两百多年历史的英国巴林银行被誉为全世界首家商业银行。1763 年，弗朗西斯·巴林爵士在伦敦创建了巴林银行，既为客户提供资金和有关建议，自己也做买卖。当然它也得像其他商人一样承担买卖股票、土地或咖啡的风险。巴林银行业务范围相当广泛，无论是到刚果提炼铜矿，从澳大利亚贩运羊毛，还是开掘巴拿马运河，它都可以为之提供贷款。巴林银行素以发展稳健、信誉良好而驰名，其客户也多为显贵阶层，包括英国女王伊丽莎白二世。它在世界金融史上具有特殊地位，被称为金融市场上金字塔的塔尖。

　　然而，这一具有 233 年历史、在全球范围内掌控 270 多亿英镑资产的巴林银行，在 1995 年，竟毁于一个年龄只有 28 岁的毛头小子尼克·里森之手。

　　尼克·里森出生于 1967 年。1985 年，里森 18 岁刚刚离开学校，就加入了位于市区的考茨公司。在那里工作两年之后，1987 年 7 月，他来到摩根士丹利银行的期货与期权部门从事清算工作。1989 年，里森加入巴林银行。由于他富有耐心和毅力，善于逻辑推理，能很快地解决以前未能解决的许多问题。因此，他被视为期货与期权结算方面的专家，伦敦总部对里森在印尼的工作相当满意，并允诺可以在海外给他安排一个合适的职务。1992年，巴林银行总部决定派他到新加坡分行成立期货与期权交易部门，并出任总经理。

里森于1992年在新加坡任总经理时，巴林银行原本有一个名为"99905"的"错误账号"，专门处理交易过程中因疏忽所造成的错误。这是一个金融体系运作过程中正常的错误账户。1992年夏天，伦敦总部全面负责清算工作的哥顿·鲍塞给里森打了一个电话，要求里森另设立一个"错误账户"，记录较小的错误，并自行在新加坡处理，以免影响伦敦的工作。于是里森马上找来了负责办公室清算的利塞尔，向她咨询是否可以另立一个档案。很快，利塞尔就在电脑里键入了一些命令，问他需要什么账号。在中国文化里"8"是一个非常吉利的数字，这样账号为"88888"的"错误账户"便诞生了。

几周之后，巴林银行的伦敦总部又打来了电话，总部配置了新的电脑，要求新加坡分行还是按老规矩行事，所有的错误记录仍由"99905"账户直接向伦敦报告。"88888"错误账户刚刚建立就被搁置不用了，但它成为一个真正的"错误账户"存于电脑之中。总部这时已经注意到新加坡分行出现的错误很多，但里森都巧妙地搪塞而过。"88888"这个被人忽略的账户，给里森提供了日后制造假账的机会。此后，他把所有不愿意让总部看到的错误交易全部计入了这个账户，而巴林银行总部也真的就没有发现这些错误。如果当时取消这一账户，则巴林银行的历史可能就重写了。

在1994年，里森进行日经225股票指数期权空头跨市套利交易，同时卖出日经指数期货的看涨期权和看跌期权，到1994年底，里森表面上获利甚丰，巴林银行利润比上年上升8倍。1995年，里森继续做日经指数期权的跨坐套利，交易组合头寸的上下盈亏平衡点为18500和19500之间。1995年1月17日，神户大地震后，日经指数大跌。1月23日，日经指数跌到17800点以下。为了挽救败局，里森大量买进日经指数期货，同时卖出日本债券和利率期货，企图影响价格走势。但最终无力回天，到2月23日，里森共买进70亿美元的日经指数期货，200亿美元的债券和利率期货，经结算共亏损10亿美元。这是巴林银行全部资本及储备金的1.2倍，最终把巴林银行送进了坟墓。

1995年2月26日，由于未能筹集到足够的款项，具有233年历史的巴林银行宣布倒闭，被荷兰银行购买。而使巴林银行毁于一旦的28岁的交易员里森在事发当日畏罪潜逃，后在德国机场被捕。先是在德国监狱服刑9个月，然后转到新加坡监狱继续服刑3年7个月。里森在监狱服刑期间，将自己搞垮巴林银行的过程写成了一本书——《我是如何弄垮巴林银行的》，此后这本书被拍成了电影《魔鬼交易员》，在全球放映。

里森出狱之后，他脱胎换骨，30 多岁的他甚至又去攻读了一个心理学学位。2013 年，里森在爱尔兰一家足球俱乐部任 CEO，后来辞职。之后里森开始穿梭于世界各地，像"巴菲特午餐会"一样，参加一些商务晚宴并发表演讲，主要谈论的话题是金融风险管理。这些活动的报酬成为他主要的收入来源。

巴林银行破产的直接原因是里森进行错误的金融衍生品交易。金融衍生品是相对于传统金融产品而言的，它是指由传统金融产品派生出来的各种金融交易产品。金融衍生产品通常采取保证金交易制度，只要支付一定比例的保证金就可进行全额交易，不需要有实际上的全额资本金，买卖合约的清算通常是采用现金差价清算的方式。只有当交易双方在到期日采取实物交割方式履行合约时，才要求买方交足全额的货款。因此，金融衍生产品交易具有杠杆作用，即交易所需的保证金越低，其杠杆效应越大，风险也随之增大。金融衍生产品交易的主要目的是套期保值，否则一旦陷入进去将会产生赌徒心理，后果不堪设想。

巴林银行倒闭的深层次原因是缺乏完善的风险控制机制，这是导致一个交易员就可以毁掉一家百年银行的根源。银行是经营风险的特殊企业，风险管理是商业银行经营成败的关键因素。巴林银行案件的一个关键线索是巴林银行伦敦总部向其新加坡分行提供的巨额资金的去向，巴林银行总部的官员相信这笔钱是应客户要求的付款，而实际上该资金转移是里森拆东墙补西墙的伎俩。由于缺乏专门的风险管理机制，琐事缠身的总部官员根本没有对这笔资金的去向和用途做审慎审查，不仅没能查出本应查出的错漏，反而加重了巴林银行的损失，导致该银行百年基业的最终坍塌。

图为西德尼·温伯格。

高盛后来的传奇与西德尼·温伯格是分不开的，

他开创了高盛的合伙人时代，

让高盛真正踏入华尔街金融核心业务圈。

图片来源：达志影像。

低调的高盛

在一般人的想象中，被誉为全球投行翘楚的高盛，一定拥有富丽堂皇的办公大楼，以及非常奢华的内部装潢，而高盛公司的员工，也一定是穿着考究的西装，戴着名牌的手表……然而，当你走进位于美国百老汇大街 85 号高盛总部大楼里，你会发现，这里完全是陈旧的装饰、褪色破损的地毯、凌乱的小隔间。如果你偶尔瞥见一位穿着老旧西服，甚至衬衫袖子已经磨破的中年男士，你可能会大失所望。但是这个人或许就是高盛的合伙人。

马车夫创办华尔街投行

高盛公司创始于 1848 年。高盛公司的创始人——戈德曼是一位德国犹太人，由于当时在欧洲受到排挤，他从德国来到了美国。刚到美国时，戈德曼并不会做生意，更不懂金融，只能靠拉马车为生。经过数十年苦心经营，戈德曼终于攒了点钱。1869 年，戈德曼带着妻子和五个孩子来到纽约，在距华尔街一步之遥的曼哈顿租了一间地下室，打出了自己公司的招牌：马库斯·戈德曼公司（Marcus Goldman & Co.）。公司的业务是经营借据买卖，除了老板戈德曼外，仅有一名在殡仪馆上班的兼职记账员。

公司创建初期，戈德曼每天早出晚归，走街串巷招揽业务。他选择那些信誉跟实力都不错的商人，把需要现金周转的珠宝商、皮革商手上持有的本票用现金买下，然后转手给其他有需要的商人，通常 1000 美元可以得到 5 美元的提成。从事这项业务的早期，戈德曼每年能够拉到 500 万的交易额，并从中赚取 2.5 万美元。1882 年，戈德曼把他的女婿萨克斯吸收为公司的合伙人，并且把公司更名为戈德曼·萨克斯公司（M. Goldman and Sachs）。6 年后，公司正式更名为高盛（Goldman Saches & Co.）。

清洁工作把高盛带向辉煌

高盛后来的传奇与西德尼·温伯格是分不开的，他开创了高盛的合伙人时代，让高盛真正踏入华尔街金融核心业务圈。少年时期的温伯格曾经在华尔街为商家运送女士花边帽，一周可以赚到 2 美元。后来他还干过替人排队的活。当时华尔街正在发生恐慌，引发了针对美国信托公司的挤兑，温伯格替人排队。每天最多可以赚到 5 美元，为此他被学校扫地出门，不得不去华尔街找份工作。他从华尔街 23 层大楼的顶层开始一层一层地往下跑，终于在三层找到了一家公司接收了他，职务是大堂清洁工的助手。这家公司就是高盛。

温伯格出身寒门，但是有着非常远大的抱负。进入高盛之后，温伯格花了一段时间来培养自己沉稳的性格。他经常在老板们回家之后跑到他们那宽大的办公桌后面坐着，点上一支 50 美分的雪茄，体会当老板的感觉。由于他的勤奋和努力，高盛公司送他去学习文案课程，又给他买了交易所的席位，1927 年，温伯格正式成为高盛的一名高级合伙人——有史以来第二位来自高盛家族之外的合伙人。

1932 年，罗斯福竞选美国总统，当时华尔街的财阀们几乎没有人支持罗斯福。而温伯格认为，这正是一个千载难逢打入政府内部的机会。他顺理成章地成了罗斯福竞选委员会中筹措资金最多的委员。这一次，温伯格真的押对了宝，罗斯福在大选中获胜。温伯格和高盛的好处接踵而来。一年后，在罗斯福的授意下，温伯格出面组织了商务顾问及策划委员会，这个委员会是罗斯福新政期间商界与政府沟通的桥梁。当时，温伯格既是其中唯一能决定邀请谁与政府对话的决策者，也是委员会内唯一的投资银行家。这样的身份使温伯格迅速成为美国商界和政府炙手可热的人物。

培养政府高官的西点军校

第二次世界大战爆发后，温伯格在政治上迎来新的"发迹"。最初，他出任清算总行的主管，此后又任战时生产委员会主席助理。为了寻找美国各大型企业内的拔尖新秀，温伯格不惜亲自走访，与各位 CEO 面谈，选择各公司最优秀的年轻人，以为国家组织大规模的战备生产。通过这项工作，他结识了美国各行各业的精英。战后，这些精英们又回到各自的公司并且都担任了领导角色，其中大多数人都选择温伯格作为他们的投资银行家，这为高盛带来了众多的业务。温伯格于 1969 年去世，自他带领高盛与白宫有了"第一次亲密接触"之后，高盛与美国政府之间的关系，从此"剪不断、理还乱"。

高盛人做人非常低调，但做事非常高调。他们说，既然征服了华尔街，为什么不换个地方来征服世界呢？对于一个投资银行来说，追逐利润是天经地义的事，但在高盛 2 万多名员工中，能进入中层的也就 1000 多人，这些人又要努力拼杀才能挤进 300 个合伙人管理级别的塔顶，从而分得大量利润。对于最高层的管理人员来说，除了去政府当官，去其他公司都被视为"水往低处流"。因此，很多高盛的高管在离开后都选择了从政，而一些政府高官退下来之后也愿意进入高盛，形成了高盛高管和政府高官之间的"旋转门"。

从罗斯福时代开始，高盛就成为培养政府高官的"西点军校"。高盛集团前董事长西德尼·温伯格先后为罗斯福和杜鲁门两位总统担当过高级经济政策顾问。自里根总统以来，历任美国政府当中都有高盛前员工的身影。像保尔森，他在小布什任期内成为美国第 74 任财政部长，为财长之前他已经在高盛工作了 32 年，并在高盛集团董事长兼 CEO 的位置

/ 癫狂与理智：你不得不知的世界金融史

上坐了 7 年。与此同时，高盛开始深入渗透到全球的主要央行，很多欧美央行的行长和高管都有在高盛工作的经历。例如，欧洲央行行长马里奥·德拉吉，他在担任欧洲央行行长之前曾任意大利央行行长，而在此之前他就曾在高盛任职。

图为穆迪公司。

在 20 世纪 30 年代发生的全球经济大萧条中，

大量发债企业倒闭使得其债券成为"废纸"，

信用评级的重要性得到重视，

穆迪公司由此名声大噪。

图片来源：达志影像。

两个超级大国：一个是美国，一个是穆迪

《世界是平的》作者弗里德曼曾说过："我们生活在两个超级大国的世界里，一个是美国，一个是穆迪。美国可以用炸弹摧毁一个国家，穆迪可以用债券降级毁灭一个国家。"市场经济是信用经济，信用是金融的命脉。从某种程度上讲，掌握信用评级的话语权，就等于控制了一个国家金融体系运行的主导权。

20多岁年轻人创办百年穆迪

穆迪是世界上最古老的评级机构之一。今天穆迪在全球拥有800名分析专家和2000名分析员，在20多个国家设有机构，投资信用评级对象遍布全世界。它和标准普尔、惠誉一起占据了全球评级市场的主要份额，被称为全球"三大评级巨头"。

穆迪公司的创始人——约翰·穆迪，在创立穆迪公司的时候20岁出头。当时，约翰·穆迪在华尔街跑腿打杂，薪酬不过每月20美元。1890年的一天早晨，正在读报的穆迪，突然有了一个绝妙的想法：随着无数

家公司的上市，必然需要有人把这些公司的经营状况告诉投资者。"当这个想法袭来的时候，"约翰·穆迪在自传中回忆道，"我毫不怀疑它将给我带来一座金矿。"

按照这样的想法，穆迪很快成立了以自己名字命名的公司，并出版了《穆迪工业及其他行业证券指南》(简称《穆迪指南》)。《穆迪指南》提供了关于金融机构、政府机构、制造业、采矿业、公用事业、食品行业的股票和债券的信息及分析。到1903年，《穆迪指南》已经闻名于很多国家。1907年股票市场崩溃时，穆迪公司没有足够的资本继续运作，约翰·穆迪被迫出售了他的指南业务。

铁路债券评级奠定市场地位

1909年，约翰·穆迪带着新的思路重返金融市场，他不再只是简单地收集公司的财产、资本、管理信息，而是为投资者提供证券价值的分析。此时，穆迪开始采用商业和信贷评级体系的字母等级符号来表示相关的投资质量。当时，美国正处于工业化带来的经济迅速发展时期，铁路为交通运输业增加新线路，以满足不断增长的货运需求。由于需要大量资本，许多公司通过发行债券融资。这些公司的信用质量参差不齐，有的根本不具备偿债能力。投资者缺乏可靠的金融信息，真假难辨。1909年，《穆迪铁路投资分析》介绍了穆迪评估一条铁路运作、管理和融资所使用的分析原则。

/ 癫狂与理智：你不得不知的世界金融史

这本书受到了那些希望能"一分耕耘，一分收获"的投资者们的广泛好评，穆迪的评级公司也蒸蒸日上。同时获得成功的还有普尔出版公司。根据后来合并成立的标准普尔的记载，自 1916 年起，普尔就开始发行公司债务评级。而标准统计公司也在 1922 年跟进这一行业。后来惠誉国际信用评级于 1924 年也加入了这个行列。1913 年，穆迪开始评估工业和公用事业公司。这时，"穆迪评级"已经成为债券市场的一个要素。1914 年 7 月 1 日，穆迪投资者服务公司进行了整合，穆迪将评级范围扩大到美国城市和其他市政当局发行的债券。到 1924 年，穆迪评级基本上覆盖了整个美国债券市场。

在大萧条中练就火眼金睛

在 20 世纪 30 年代发生的全球经济大萧条中，大量发债企业倒闭使得其债券成为"废纸"，信用评级的重要性得到重视。根据统计，1929～1937 年，仅美国州和地方政府的债务就有 28.5 亿美元违约，占到该期间州和地方政府发行在外债务平均余额的 15％。而在对美国公司债券进行研究发现，1932 年以前及之后到期的债券中有 23％发生了违约。投资者发现，被评级机构定位为高级别的债券却很少出现在违约的公司名单中，这让投资者和监管者确信，资信评级可以为投资者提供参考。

20 世纪 70 年代，美国经济再次衰退时，一些评级公司暴露出评级不准确的问题，穆迪、标准普尔、惠誉凭借着 20 世纪六七十年的骄人成绩，在 1975 年，被美国证券交易委员会(简称 SEC) 认可为"全国认定的评级组织"，简称"NRSRO"。同时 SEC 规定，外国筹资者在美国金融市场融资时，必须接受 NRSRO 内评级公司的评估，由此确立了穆迪、标准普尔、惠誉这三大评级机构在信用评级市场的垄断地位，形成了"三分天下"的格局。

评级机构也有自己的利益

评级机构的收入来源是出售评级报告。由于评级机构也有自身利益诉求，所以它们的报告也并非绝对客观公正。曾经有一家德国的保险公司由于不愿支付评级费用而拒绝了穆迪的评级邀请。随后，穆迪公司连续两年都给了这家公司很低的评级分数，甚至说他们发行的债券是垃圾债。结果导致这家公司的债券遭到抛售，损失两亿美元之多。最后，这家公司只好屈服，同意交费请穆迪评级。

评级公司的任务是发现和警示风险，但他们经常对风险视而不见。而当风险暴露时，就马上降低评级分数，成为风险事件的助推者。在亚洲金融危机和欧债危机中，评级机构都扮演了这样的角色。世界上很多国家的政府和机构对评级机构充满怨言。即使是在美国国内，也不乏对这些评级机构的谴责之声。然而，这些牢骚和抱怨并不能使它们遭受严厉的惩罚，其主要原因就是，评级受到了美国法律的保护。

言论自由与出版自由等权利一起，被统称为"表达自由"，源于美国宪法第一修正案。第一修正案中规定，国会不应立法限制"言论或出版的自由；或人民进行和平集会，及向政府请愿申冤的权利"。评级机构最早主要靠销售报告获利，评级机构属于言论出版机构。这就意味着评级机构的任何主张表达都受到法律的有力保护，即使"穆迪们"的评级有误，甚至不公平、不合理，由此导致投资者或企业蒙受损失，它们也不会遭到法律制裁。

图为友邦大楼。

上海外滩 17 号曾经是《字林西报》总部所在地。

1928 年，友邦人寿保险公司租用部分楼面。

1996 年 5 月，友邦重新进驻该大楼并更名为"友邦大楼"。

图片来源：作者拍摄。

起源于中国的美国保险公司

　　自 1840 年鸦片战争开始至 19 世纪 70 年代，外商保险业已占领中国保险市场，当时除谏当保安行外，英国人在上海、香港等地创办了数家保险公司。一战之后，美商保险逐渐渗入中国。到了 20 世纪 30 年代，美商保险已能与英商平分秋色，其中尤以 1920 年在上海设立的美亚保险公司发展最为迅猛。美亚保险公司就是今天全球最大的保险集团之一——美国国际集团的前身，也是为数不多的几家起源于中国的外国金融集团。

　　1919 年，一位名叫史带的美国人从日本横滨辗转来到当时被称为远东中心的上海。史带是出生于美国的荷兰人后裔，自幼丧父，家境贫寒，在加州伯克利大学读了一年之后就辍学打工了。史带来到中国之后，先是在一家报社做了一名记者，后来他结识了加州同乡、美丰银行的老板。在这位同乡的帮助下，史带开办了一家小型保险代理机构，起名为美亚保险（AAU）。美亚保险最初充当美国保险公司在中国的代理，提供火灾和海上保险。

美亚保险公司成立不久，1920年，上海一些客栈就发生火灾，损失惨重。还没收到多少保费，就要赔出一大笔，许多灾户开始谣传，美亚公司似乎是要赖账了。然而史带认为，这是美亚保险公司寻求大发展的大好契机。在征得美国公会同意照赔之后，美亚公司抢在同业之前，宴请客户和代理人，在席上当众宣布如数照赔，并且在公估行未计算出应赔数目之前，承诺投保户可以在投保额的30％之内，提前支取赔款。虽然由于赔款数目过大，美国保险公会解除了史带的代理职务，此事却为他赢得了良好声誉。

1921年，史带便利用美亚的赔款准备金，创立了友邦人寿保险公司，这是向华人推广寿险产品及服务的首家外国保险公司。取"友邦"之名，有向中国人示好之意。1925年，美亚根据中国贸易法令，向中国政府申请注册。1929年，美亚升级，改制为美亚保险股份有限公司，发行股票3万股，每股10美元，共筹得30万美元。1930年，史带与英商施美士在香港注册合办四海保险公司；1931年，史带与法商联办法美保险公司；1932年，中国出现排斥外商保险公司倾向时，史带拉拢华人工商领袖共同出资组建泰山保险公司。

史带以培训打造专业保险人才为己任，坚持本土化的发展策略，非常乐于从优秀的大学生中招收人员，经过短暂的专业技术训练，大胆委以重任，使他们成为友邦保险在中国发展的中坚力量。清华大学在校学生听说友邦人寿设立了一项奖金计划，用来奖励那些能在暑假中销售人寿保单最多的学生，又打听到学校里讲授英语与哲学的美籍教师曼斯菲尔德·弗里曼和史带相识，就去征询他的建议。于是，师生们共同拟订了计划来赢取这份奖金。不久，笃守信用的史带，带着大笔奖金千里迢迢赶到北京，兑现了当初的诺言。

美亚公司迅速发展，需要一处体面的总部大楼作形象招牌，于是1927年公司正式迁入上海外滩17号字林西报大厦。这幢9层大楼曾是当年外滩最高的大楼，在外滩建筑群中傲然屹立，十分引人注目。由此开始，外滩17号成为上海外滩唯一以保险业为主的大厦，其原来的名称渐渐不为人所知，友邦大厦闻名遐迩，成为旧上海驰名世界的保险窗口。史带以此做大本营，通过这幢楼的保险公司再控制住许多保险公司，使它们实际上隶属于美亚和友邦，形成实力强大的保险王国，史带也因此成为享誉中外的"远东保险王"。

1939年，美亚总部从上海搬迁到纽约。1941年，珍珠港事件爆发，日本侵略者随即进驻租界，勒令上海的英、美、法等敌对国的保险公司停业，并将外籍人员关进集中营。友邦的远东业务部被迫关闭，但在其他区域的业务继续扩展，美亚公司以古巴首都哈瓦那为中心，将业务辐射到周边的几个邻国，夺取了之前被德国、意大利主宰的拉丁美洲保险市场。战争虽然让美亚公司蒙受了一定的损失，但也赋予了其全球市场布局的巨大机遇。二战后，美亚公司通过不断地新建和收购兼并活动，到20世纪60年代，最终形成了一个庞大的帝国。1967年，通过股权调整，形成了现在的美国国际集团(AIG)。

朝鲜战争爆发之后，1950 年 12 月 16 日，美国政府宣布管制中国在美国的公私财产。作为对应措施，上海市人民政府于 12 月 30 日宣布，对美亚以及北美洲两家美商保险公司实施军管。不过，军管后发现，美亚保险公司水险自留额高达 332 亿元，而交验的准备金仅 5000 万元。1951 年 1 月 3 日，上海市人民政府命令美亚按照营业准备金的 1/4 作为最高自留额。此后，美亚收入骤减，不得已于 1951 年 4 月 1 日申请停业。

改革开放后，友邦保险成为第一家在中国开设合资公司的外国保险公司。1992 年，AIG 在上海成立美国友邦保险有限公司上海分公司，向全世界高调宣布：友邦保险"回老家"了。这是第一家在华经营寿险及非寿险业务的外资保险机构。与中国的合作，友邦步步领先。友邦保险的管理层始终没有忘记他们的"龙兴之地"——外滩 17 号这座新古典主义风格的西式建筑。当友邦乘着中国改革开放的春风第一批抢滩上海，在选择办公地址时，首选友邦大厦，租期一订就是 30 年。1998 年 5 月，美国友邦保险公司(AIA) 终于得以重返旧址，打出的宣传广告是"世界保险巨擘源自中国"。

INSANITY AND RATIONALITY

THE WORLD FINANCIAL
HISTORY
YOU SHOULD KNOW

图为穆罕默德·尤努斯。

2006 年，

尤努斯与孟加拉乡村银行

共同获得诺贝尔和平奖，

这也是诺贝尔和平奖首次授予一个银行家。

图片来源：达志影像。

普惠金融的先驱

    在互联网金融蓬勃发展的今天，普惠金融被频繁地提及。所谓普惠金融，就是指能够有效、全方位地为社会所有阶层和群体提供服务的金融体系，其主要任务就是让列于常规金融体系之外的农户、贫困人群及小微企业，能及时有效地获取价格合理、便捷安全的金融服务。这一概念是由联合国在 2005 年正式提出来的。但其核心理念最早可追溯到 15 世纪罗马教会设立的当铺；20 世纪 70 年代，现代意义上的小额信贷逐渐形成，尤其是孟加拉乡村银行的成功试验，掀起了小额信贷的全球化浪潮。

    穆罕默德·尤努斯 1940 年出生于孟加拉国吉大港一个富庶的穆斯林家庭，1966 年研究生毕业之后，他依靠奖学金赴美国留学，1972 年，在获得经济学博士学位之后，尤努斯回到了孟加拉国，任教于吉大港大学经济系。1974 年孟加拉国发生的一场毁灭性的饥荒让当时还在教授经济学的尤努斯改变了想法。面对无法用经济学理论向学生解释的贫穷现实，穆罕默德·尤努斯决定重新做一名学生，抛弃理论教科书，以村民为老师，去研究每天都在穷苦人现实生活中出现的经济学问题。

有一天，尤努斯来到学校附近的农村考察，他看到一个农妇在制作竹凳。他问：做一个能赚多少钱？农妇回答：资金是高利贷者的，加工一个竹凳只能赚 0.5 塔卡，收入极其微薄。他又问：如果你自己有钱，加工一个竹凳能赚多少钱？农妇说可以赚 3~5 塔卡，这是为高利贷者加工收入的 6~10 倍。第二天，他组织学生调查，发现这种情况很普遍，村里还有 42 个同样的人，他们共借了 865 塔卡，合 27 美元。这让他感到非常的震惊。于是，他拿出 27 美元，让学生借给那 42 个人，让她们还给放贷人，等产品出售后再还自己钱，讲好不要利息。结果农妇们很守信用，实现了诺言。

此事使尤努斯教授很有感触。他找到地方银行的管理者说明情况，请他们向贫穷农妇放贷。得到的回答是：穷人是不值得信任的，连饭都吃不上，借了钱是不会还的；如果真要借钱，要有抵押和担保，而穷人家里没什么可以抵押，也找不到担保，所以不能借钱给他们。他发现现实当中银行与书本上银行的作用完全相反。需要钱的人从银行贷不到钱，而不需要钱的人却可轻松地获得银行贷款。即"你越有钱，越能贷到更多的款"，反之，"如果你没有钱，你就贷不到款"。这就造成了资金的马太效应，贫富差距也由此进一步拉大。

后来，尤努斯教授以自己的名义从银行借出钱，组织自己的学生先后在吉大港近郊以及孟加拉国的东、西、南、北、中五个地区的农村，借钱给穷人。结果，穷人用这些为数不多的借款，精打细算，精心经营，普遍增加了收入，而且按要求还了借款，并能够归还高于商业银行的利息。于是，一套专门针对穷人贷款的方法和创办乡村银行的设想产生了。

经过 8 年多的个人实践和艰苦努力，1983 年，尤努斯创办的专为穷人贷款的乡村银行(格莱珉银行) 终于得到政府批准。

尤努斯教授认为：贷款是人们摆脱贫困的方法之一。乡村银行为那些想做些事的穷人提供少许的种子式的资金，去实现自我雇佣。创造就业，消灭贫困，全世界都一致同意这个论点。但是，经济学家们只承认一种就业——拿工资的就业。于是，我们年轻时努力学习，为吸引潜在的业主做准备，当一切就绪后，我们到劳动力市场去寻找工作。我们的祖先降生在地球这个星球上时，他们没有劳动力市场可以找工作。他们自己支配自己的命运，自己创造自己的工作，成为猎人、庄稼人，后来成为农民，他们都是自我雇佣的就业者。

失业是现代社会的灾害，工业化的国家不能保证每个人都有工作。消灭贫困所必需的政策一定比仅仅解决就业的政策更广阔也更深刻。只有当人们能够支配自己的命运时，消灭贫困才真正开始。自我雇佣指出了穷人摆脱依赖救济的出路，他们不必成为工资的奴隶，可以自己开设并经营百货店或从事制造业。它既能帮助有工作但仍贫穷的人，又能为失业者提供精神支持，使其能够重新开始做生意而不必沮丧和感到孤独。需要强调的是，创造自我雇佣的平均成本仅为创造正规就业的平均成本的 1/10、1/20、甚至 1/100。

格莱珉银行成立之后，受到穷人的普遍欢迎并迅速发展壮大。作为一种成熟的金融扶贫模式，格莱珉银行的主要经营特点是：瞄准最贫困的农户，并以贫困家庭中的妇女作为主要目标客户；提供小额短期贷款，按周期还款，整贷零还，这是模式的关键；无须抵押和担保人，以五人小组联保代替担保，相互监督；按照一定比例的贷款额收取小组基金和强制储蓄作为风险基金；执行小组会议和中心会议制度，检查项目落实和资金使用情况，办理放款、还款、存款手续，同时交流致富信息，传播科技知识，提高贷款人的经营和发展能力。今天格莱珉银行在孟加拉国拥有 2000 多家分店，职员约 1.8 万人。

2006 年，为表彰他们从社会底层推动经济和社会发展的努力，尤努斯与孟加拉乡村银行共同获得诺贝尔和平奖，这也是诺贝尔和平奖首次授予一个银行家。格莱珉的成功颠覆了几百年来银行业的经营模式：借贷给无抵押担保的穷人，同时，能够赢利并实现可持续发展。格莱珉模式受到了各国经济学家的重视，他们的经验也在全世界得到了推广。每年在孟加拉国，都会举办 4 次关于乡村银行实质的国际对话节目，向想要复制该模式的热心者做详尽介绍。众多的复制者们准确地把握了复制的含义，即让更多急需资金的穷人和普通人获得金融的支持，以帮助他们脱贫致富。这实际上就是一种变革和创新。

格莱珉银行的成功正在无可辩驳地印证着尤努斯的理论：人类的信贷权利是摆脱贫困的社会基本要求。我们深信能够创造出没有贫困的世界。

图书在版编目（CIP）数据

癫狂与理智：你不得不知的世界金融史／张志前著
.--北京：社会科学文献出版社，2017.7（2017.8 重印）
（中国建投研究丛书）
ISBN 978-7-5201-0922-2

Ⅰ.①癫… Ⅱ.①张… Ⅲ.①金融-经济史-世界
Ⅳ.①F831.9

中国版本图书馆 CIP 数据核字（2017）第 126629 号

·中国建投研究丛书·

癫狂与理智：你不得不知的世界金融史

著　　者／张志前

出 版 人／谢寿光
项目统筹／王婧怡　许秀江
责任编辑／恽　薇　孔庆梅

出　　版／社会科学文献出版社·经济与管理分社（010）59367226
　　　　　　地址：北京市北三环中路甲 29 号院华龙大厦　邮编：100029
　　　　　　网址：www.ssap.com.cn
发　　行／市场营销中心（010）59367081　59367018
印　　装／三河市尚艺印装有限公司

规　　格／开　本：787mm×1092mm　1/16
　　　　　　印　张：14　字　数：145 千字
版　　次／2017 年 7 月第 1 版　2017 年 8 月第 2 次印刷
书　　号／ISBN 978-7-5201-0922-2
定　　价／59.00 元

本书如有印装质量问题，请与读者服务中心（010-59367028）联系